品·智家教 002

做个智慧家长

一个教育记者对72个家庭的深度访谈

樊 华◎著

沈丽丹◎点评

北方联合出版传媒(集团)股份有限公司

万卷出版公司

VOLUMES PUBLISHING COMPANY

© 樊华 沈丽丹 2009

图书在版编目（CIP）数据

做个智慧家长：一个教育记者对72个家庭的深度访谈／
樊华著，沈丽丹点评.—沈阳：万卷出版公司，2009.9（2009.9重印）
（品·智家教）
ISBN 978-7-5470-0161-5

Ⅰ.做… Ⅱ.①樊…②沈… Ⅲ.家庭教育—经验 Ⅳ.G78

中国版本图书馆CIP数据核字（2009）第148219号

设计制作／智品書業 ZHIPIN BOOKS

做个智慧家长：一个教育记者对72个家庭的深度访谈

出 版 者	北方联合出版传媒（集团）股份有限公司
	万卷出版公司
地　　址	沈阳市和平区十一纬路29号
邮　　编	110003
联系电话	024-23284090
电子信箱	vpc_tougao@163.com
印　　刷	北京振兴华印刷有限公司
经　　销	各地新华书店发行
幅面尺寸	720mm × 1000mm　　1/16
印　　张	16
字　　数	140千字
版　　次	2009年9月第1版　2009年9月第2次印刷
责任编辑	刘应诚
书　　号	ISBN 978-7-5470-0161-5
定　　价	24.00元

共同关心孩子的成长

做了几年教育报道的"跑线记者",对学校、老师、学生乃至家长们的酸甜苦辣真的是"感同身受"。——大家都是为了一个共同的目标走到了一起,这个目标往远了说就是让孩子们长大后能够成为国家的栋梁之材,往近了说就是让孩子们能够考上重点中学、重点大学。为了这个目标,大家都在竭尽全力,可以用一句诗句来形容:"衣带渐宽终不悔,为伊消得人憔悴。"

人们都说"可怜天下父母心",其实该"可怜"的也不仅仅是父母心,还有孩子心、老师心,还有许许多多关心孩子们成长人的心。

然而,我们在"望子成龙,望女成凤"的许多努力和心血付出之后,并没有完全得到回报,"种瓜得豆"的情形还是经常发生,这让我们无可奈何,甚至无话可说。这究竟是为什么呢?以我做多年教育报道的经验和体会,我感到现今的家庭教育存在着很多问题,"揠苗助长"者有之,武断专横者有之,溺爱娇惯者有之,让孩子实现自己的理想者有之,甚至拿孩子的成功来证明自己的能力者亦有之……这些问题不仅影响着孩子们的成长,也影响着家庭的和谐与社会的稳定。家庭教育虽然从家庭产生的那一天就自然而然的存在着,但是,家庭教育真正作为一门学问,一个课题,至今也没有系统的、全面的、专业的研究,从而成为一门成熟的学科，让我们的家长在家教中有所遵循，有所借鉴。

于是，我们当下的家庭教育就处在了一种"摸着石头过河"的状态——谁能把这个"石头"摸得着、摸得准，谁"过河"的速度就会快一些。相反，那些摸不着"石头"的人，"过河"就会慢一点，弄不好还会被"淹"着。这本书里所收录的家教经验，每一篇都是那些"摸着石头过河"的家长实践过程和切身体会，他们讲述着自己"过五关斩六将"的成功经验，让天下父母分享自己教子有方的喜悦。更难能可贵的是，他们也不回避自己"走麦城"的痛苦经历，让那些和自己一样的家长不犯相同的错误，不重蹈覆辙。

在和老师、同学，特别是家长们的交往中，在写每一篇家教报道时，记者有欣慰、有困惑，也有许多感悟和感慨，多么希望有更多的专家学者去研究家庭教育这门大学问，给那些需要帮助的家长指点迷津啊！令人欣喜的是，近几年记者有幸接触到了这些著名的专家学者中的一部分，看到了他们为启迪家长的智慧所做的不懈努力，也看到了由此而产生的巨大社会影响和良好的实际效果。

让记者更为欣喜的是，家长中的有识之士如今也自发地组织起来了，或在网上开家教博客，或在小区办家教协会，或在同龄人中组成互助小组，大家共同面对家教难题，共同切磋家教心得，共同研究解决方案。这让我不禁想起了一句名言：理论是灰色的，实践之树常青！虽然有"王婆卖瓜"之嫌，但我作为一名忠实于生活、忠实于事实的记者，还是要说：这本书的文章大多是生动的、可信的、有用的，因为它们都来自于活生生的现实，没有半点添加和虚构，因而十分可靠，不会"误人子弟"。

做个智慧家长

◎引言　共同关心孩子的成长

第一篇　倾听名人的教养心得

第七篇　留学经历

倾听名人的教养心得

从"昔孟母，择邻处"开始，人们就一直在探寻名人是怎样接受良好家庭教育的，希望从他们那里得到借鉴和启迪。然而，社会在不断发展进步，家庭教育的方式方法也与时俱进，人们已不满足于以往的经验了，不愿意翻故纸堆了，总想找些新鲜的、"正在进行时"的家教典范来学习和对照。

这正是新闻纸（报纸）的功能，也是以记录时代为己任的记者的优势。于是，一个几乎是专门跑家庭教育的记者，紧紧盯住那些在家教领域颇有建树的专家、学者，给他们做专访，为他们录"语录"，给他们摆讲坛，以满足家长们渴望指点的需求。这里最典型的是"童话大王"郑渊洁的家教，他自己得益于父母的特殊培养，反过来，他对自己孩子的教育也很独到，的确让我们受益匪浅。

"行家一伸手，便知有没有。"在"名家讲坛"这一章里，既有名家对家庭教育问题的精辟阐述，也有他们对自己子女的教育心得。

郑渊洁：
父母惯出来的奇才

郑渊洁于 2006 年 11 月 7 日晚抵达沈阳，8 日上午记者在他下榻的酒店独家专访了这位传奇人物。

郑渊洁和儿子郑亚旗都只有小学学历，但都是知名人物，父亲成了"童话大王"，儿子是杂志主编。作为父亲，郑渊洁是成功的，然而郑渊洁说，他的成长、他的教育理念都深受他父母亲的影响。

父亲的桌子上堆满了书

郑渊洁出生时父亲在石家庄任哲学教员，在家里一边哄他，一边备课、看书。父亲的桌子上堆满了书，郑渊洁那时总看《资本论》，"我家的那本《资本论》现在还有我画的笔道"。

因为父亲的缘故，郑渊洁从小就对读书写字产生了崇拜心理，"我走写作这条路跟我父亲的关系非常大，如果从小父亲就当着我的面打麻将，没准我现在还是麻将冠军呢。但是很遗憾他没打麻将，他老看书写字，所以我也没能成为'麻将大王'。"

孩子最好的大学不是北大、清华而是家庭，最好的老师不是博导、教授而是父母。郑渊洁说，他之所以有今天，是因为他有最好的父母，他们永远站在孩子一边，即使是在最艰难的时候。

郑渊洁小时候和别的孩子打架，被打伤孩子的父母到郑家"讨说法"，他的父亲对被打伤的孩子家长说得最多的一句话是："一个巴掌拍不响！"郑渊洁说："你不知道当时我有多感动，父亲这么爱我，谁还好意思再犯错呢？"

父亲对郑渊洁的"护短"让他很感恩，他说他以后做什么事情都想让父母高兴，写童话也是，"我开始写作时他们很开心，我想让他们一直开心，就一直坚持着"！

父亲狠狠夸了他一顿

说到父亲，不能不提郑渊洁退学的事：上小学时父母被下放到河南五七干校，郑渊洁也跟着去了。一次语文课因为乱改作文题目，老师罚他在课堂上说几百遍"郑渊洁是咱们班最没出息的人"。郑渊洁接受不了，采取了极端的方式予以反抗——引爆了藏在身上的爆竹。因为此事，郑渊洁被学校开除了，那时他上小学四年级。

郑渊洁回忆说，那天回到家时他神情恍惚，父亲注意到他的异常，关切地问："孩子，有什么事情尽管跟爸爸说。"郑渊洁把被学校开除的消息告诉了父亲，父亲没有责怪儿子，反而十分肯定地说："孩子，你一点儿不笨，你很聪明。你的故事讲得多好啊。你会编故事，其他同学在这个方面就比不上你！"

父亲的话像一道阳光，让郑渊洁重新又燃起了希望，每当他心里冒出"郑渊洁是咱们班最没出息的人"这句话时，郑渊洁便想起了父亲的话："你会编故事，其他同学在这个方面就比不上你！"

郑渊洁说，我们不要把孩子想得过于坚强，以为风霜雪雨的洗礼能锤炼他们的意志。孩子的心灵其实是脆弱的，在大人眼里看似小小的打击，在孩子眼里可能会放大几倍，有的打击甚至是孩子自己的力量无法承受的。

父亲最大的惩罚是写"检查"

郑渊洁被开除了，学业怎么办？父亲说："没关系，我在家教你！"父亲教他背的第一本书是《共产党宣言》，父亲说，背这个很有用，因为《共产党宣言》第一句话就是用童话手法写的："一个幽灵，共产主义的幽灵，在欧洲游荡。"其实很有童话色彩。

背诵时遇到不认识的字，父亲就让他去查字典，用毛笔写在旧报纸上，然后贴在墙上，当时他们住的干校的房子很破，墙是土做的，墙上可以随便贴东西，那时郑渊洁的家里满屋子贴的是生字——《共产党宣言》里的生字。

郑渊洁说，父亲从来没打骂过他，一次都没有！对郑渊洁的最大惩罚措施是写"检查"，写着写着，郑渊洁把"检查"写成了小说，郑渊洁说："也许就是那时我才知道我还有写作的天分！"

在家教学，父亲的教材就是他写给郑渊洁的1000多封"家书"。父亲喜欢看人物传记，他将歌德、巴尔扎克等数十位中外名人的经历及人生经验写下来，"他当过教员啊，将20万字的传记写成一封2000多字的信，很容易，这种形式我也容易接受"！

郑渊洁和父母闲聊之时，父亲提出一个假设，他问郑渊洁母亲，假如说咱们在渊洁生下来之后，给他设定一个当作家的目标能不能成？后来大家一致认为那他的才能肯定被扼杀了。

家长做样儿给孩子看

郑渊洁说，父亲的教育方法说起来简单，其实也很高深——无为而治，就像巴金说写作的最高技巧就是无技巧一样，教育孩子的最高技巧就是"不教育"。家长闭上你的嘴，抬起你的腿，做给孩子看就好了。

郑渊洁从父亲那里受到的启发是，家庭教育中家长不需要说太多的话，"如果你希望孩子成为一个什么样的人，那你就做那样的人给他看"！郑渊洁好写字、爱读书是受父亲的影响，而弟弟郑毅洁成了"养鸽大王"，也和父亲大有关系。父亲喜欢动物，郑毅洁十二三岁的时候，父亲送给他一只鸽子。当时送鸽子我也在场，但是我就没受什么启发。没想到，弟弟从那时起便与鸽子结下了不解之缘。

一位母亲对郑渊洁说，他儿子在钱上很"独"，总是不花自己的钱，给他多少零花钱他都自己攒着，该花钱的时候还是向父母要。郑渊洁说，你和你丈夫在家的时候，一定经常当着孩子的面谈钱的事儿，而且自己有钱不给父母，家里有事就让自己的弟弟妹妹出钱。那位母亲很惊讶："你怎么知道的？！"郑渊洁给这位母亲出招：以后吃饭的时候，当着孩子的面不经意地说："以后咱们要多给父母点儿钱，不能总让弟弟妹妹们拿啊！"

母亲给他两次"生命"

说到母亲，这个硬朗的男人几度哽咽。写童话之前，郑渊洁曾尝试过写诗歌、小说、科幻作品，甚至是歌词，但都不是很得心应手，直到1978年，郑渊洁完成了第一篇童话《小蚂蚁在诚实岛的遭遇》，将它寄给了上海少年儿童出版社。在邮局寄稿件的时候，郑渊洁心想：要是童话还不行，就该试试说相声了。结果临过春节前，他收到了出版社的退稿信。

细心的母亲在郑渊洁的提包里发现了退稿，她这才得知儿子开始写童话了，当时郑渊洁已深受打击，认为自己不是写童话的料儿，可是母亲却坚持认为儿子很有天赋。当晚她就骑着自行车顶着寒风找到《山西青年》的杨副总编，杨副总编对郑渊洁的这篇童话评价很高，遗憾的是《山西青年》不发表童话，于是他便给北京《儿童文学》的编辑由岑写了一封推荐信，让郑渊洁拿它去找由岑。直到1979年4月，郑渊洁在尝试了各种文学体裁的写作之后，在走投无路时，才再次想起那封信和退稿，拿着它见了由岑，由岑又将稿子转给负责编辑童话的刘庭华，终于，这篇童话于1979年9月15日在《儿童文学》杂志上发表了，改名后为《黑黑在诚实岛》。

郑渊洁说，没有母亲，可能就没有皮皮鲁、鲁西西等，是她把郑渊洁"推荐"到这个世界上来，又不遗余力地向这个世界推荐着郑渊洁的才能。

不要给孩子太多的压力

徐国静：作家，诗人，教育专家。近年来，在哲学、心理学、教育学、文学等领域进行研究和探索，并取得一定成绩。

沈阳晚报刊登了《孩子是怎样厌学的》一文后，在家长和老师中产生了很大的反响，人们都在思索着：到底是什么把孩子逼得厌学？老师和家长之间就没有办法沟通吗？老师让孩子抄写课文到底有没有用？记者采访了徐国静女士，关于如何教育孩子，我们很受启发。

记者： 一个小学生因为课业负担过重，甚至连上厕所的时间都没有，因此产生了厌学情绪。您怎么看待这个问题？

徐国静： 说起来，这是一个很大的话题，涉及教育的方方面面，但说到底，还是对学生的评价标准偏颇，而导致学生压力大、负担重。在现阶段，学校和家庭对学生的评价标准就是两点：一是看学习成绩是否优秀；二是看学习态度是否端正。只要以上两点做得好，就是所谓的好学生，其实这种评价标准对学生的发展非常不利。评价一个孩子，标准远不止这两点，孩子身上的其他品质对孩子今后的发展起着决定性的因素，归纳起来就是"三心"：好奇心、自信心、同情心。

我们不要把孩子看成是"获取成绩的工具"，而忽略了孩子的心理、人格、健康乃至生命，一切"以人为本"，真正地关心孩子。

记者： 家长不同意老师的某种做法，但往往不敢向老师提出来，害怕老师对孩子"报复"，那么，家长该不该向老师说出自己的观点呢？

徐国静：家长和老师的沟通是非常必要的。沟通是需要技巧的，沟通也是一门学问，是需要学习的。

沟通要建立在彼此尊重，双方平等的基础上。家长一旦对老师不满，就会在和老师谈话的过程中不自觉地表现出抵触情绪，对方当然会有不舒服的感觉，于是就产生了沟通困难。这时候，家长一定要注意沟通时的心态，要心平气和地把自己的想法告诉对方，抱着解决问题的态度与老师沟通。

记者：有些老师给孩子留的作业特别多，当孩子出现错误的时候，经常惩罚孩子。这种做法真能让孩子记住而不再犯错吗？

徐国静：惩罚是最失败的教育方法。学习不仅是一个掌握知识的过程，更是一个激发学生创造力和想象力的过程。比如，让学生记住"空"字，老师可以带同学们到操场上，仰望天空，从文字的形和声讲解这个字的来历，激发他们的想象力。

记者：当孩子成绩下降时，家长该怎么做呢？

徐国静：前几天，一位家长说他的女儿在一次考试中没有考好，爷爷奶奶着急了，爸爸妈妈上火了，全家像遇到了灾难一样。到学校问情况，问孩子到底发生了什么事儿，这给孩子造成很大的压力。

其实，孩子出现一两次成绩波动是很正常的，我们大人还有失误的时候呢，更何况是孩子。家长不要过于惊恐，认为"出大事"了。遇到孩子成绩下降或出现其他问题时，家长要和孩子一起分析产生问题的原因，耐心细致地帮助他们，不给他们施加任何压力。

记者：有些老师的语言带有攻击性，也就是我们所说的"心灵施暴"，您怎么看？

徐国静：现在不光老师对学生"心灵施暴"，家长对自己的孩子也存在这种现象。有人认为这是一种"激将法"，通过否定的语言达到刺激学生、鞭策学生的目的。其实，这种方法实在不值得提倡。

从心理学上讲这是一种心理暗示，如果连续三天，有人对你不间断地说："你不行！"三天后，你真的会觉得自己不行。这是一种隐性的灾难，是一种潜在的隐患。老师和家长们的都少说一些伤害孩子的话吧，让孩子过得轻松一些。

发现　播种

当孩子孤独无助的时候，给孩子一个拥抱吧，这将胜过任何语言，给孩子以无穷的力量与前行的勇气。

一个孩子手捧着一只小鸟，问一位智者，他这只鸟是活着还是死了，智者说："鸟的命运就掌握在你的手中，我说它活着，你会把它捏死；我说它死了，你会把它放飞。"徐国静老师用这样一个故事告诉大家，孩子就像这只小鸟一样掌握在家长的手中，不要把他们"握"得太紧或放弃他们，给他们更多的自由和广阔的天空，他们会飞得更高更远。

打开孩子的"四扇门"

教育能否成功，关键是能否启动孩子的心智，启动孩子的心智，首先要打开孩子的心灵之门。徐国静说，要打开孩子心灵的"四扇门"，即发现孩子的好奇心、自信心、自尊心和同情心。好奇心是心灵的第一扇门，也是孩子发展和创造的原动力；当孩子对这个世界充满好奇心，想探索、想求知时，他就会有自信心，当有了自信后，便会得到尊重、信赖，孩子的情绪、心理就会发生改变；当孩子得到了尊重，另外一扇同情心之门会同时被打开。

说到自信心，徐老师谈到了她的女儿：女儿上小学的时候，老师让用"越……越"造句，女儿是这样造的：我的学习成绩越来越好了。结果，老师用红笔给她打了一个大大的叉，然后对女儿说："我怎么没看出来你的学习成绩好了，我看你的学习成绩是越来越差了。"回家后，女儿沮丧地对我说："妈妈，我考试考得不好，造句都没造对。"我看了一下女儿的卷子，告诉她："你的句子完全正确。"女儿说："错了，错了。老师都说我错了。"我说："妈妈是学中文的，难道连一个句子的对错都分不清吗？你不但没有做错、还发现了一个伟大的真理。"女儿疑惑地望着我，我说："你看，你原来不会写字，不会算术，现在你都会了，你发现的真理就是：一个人只要学习，就一定会越来越好。你这个句子不但造得好，还发现了真理。"女儿咧开嘴笑了，又恢复了神采奕奕的模样。

在孩子心中播种爱

在孩子的心里播种一份爱，会收获到更多的爱与幸福。徐老师讲起了她的母亲：

几十年前，在我小的时候，水果、点心这些食物都是很少的，母亲总是告诉我们："要把最大的最好的留给爷爷奶奶，他们老了，能吃的日子不多了，你们还小，吃的日子还长着呢。"就这么一句话，让我们所有的孩子都愉快地把最好吃的东西留给老人。

女儿5岁的时候，朋友从国外带回一盒巧克力，当时女儿就要打开吃，我说你别吃了，留给奶奶吧。女儿问："为什么我不能吃啊？"我说出了母亲对我说的那句话，她瞪着眼睛望着我，被打动了，高兴地把巧克力留给了奶奶。最让我感动和震惊的是一个月以后，我从外地出差回来，女儿捧着一盒松籽对我说"妈妈，这是我给你留的松籽。"我说："你自己吃吧，妈妈不吃。"女儿忽闪着眼睛，稚声稚气地说："我还小，吃的日子长着呢。你老了，吃的日子不多了。"这就是中国人世世代代相传的爱的哲学。

你恐吓过自己的孩子吗

杨凤池简介：首都医科大学教授、心理学教研室主任，研究生导师。兼任中国心理卫生协会职业群体专业委员会副主任委员，北京心理卫生协会副理事长。

杨凤池教授开展了大量心理学社会实践和心理健康教育活动。他曾经为"神舟飞船"系统工程技术人员、中央驻京机关干部、国际航空公司、首都机场集团公司等全国各地企事业单位的工作人员和高校大学生做心理减压讲座；并参与黑龙江洪灾后心理救援和"非典"心理干预工作。

吓唬自己："万有一失"就全完蛋啦

第一次见到杨凤池，工程师们说："你解不了我们的压，我们的目标是'万无一失'，这'压'咋减呐！"

杨凤池问工程师们："'万无一失'就得'紧张死'吗？如果一旦'万有一失'了会怎样？"大家泄气地说："那就全完蛋了。"杨凤池接着说，几年前的那次发射，我在直播中看到火箭突然出了故障，那次"万有一失"的发射，你们当中有多少人参加了？在座的有 20 多人举起了手。"不对啊，你们早该'完蛋了'呀，怎么还好好的？"

杨凤池说：减压，不是减少外部压力，而是帮助你巧妙地应对内部压力。困难、挫折不可怕，可怕的是对挫折恐怖性的想象。当面对挫折的时候，你要问一问自己：现在是不是最糟的？不是最糟，那我有什么理由不坚持下去？如果这种情况是最糟的，那它还会继续糟下去吗？物极必反，就应该好转了吧。

这么一说，工程师们"紧张得要死"的心放松了下来。杨凤池说，天大的事情也别去想毁灭性的后果，别老吓唬自己。

恐吓孩子：考99分就"箭毁人亡"啦

"很多家长成天吓唬孩子！"说到这儿，电话那边的杨凤池语速快了起来。家长要求孩子就得考100分，如果考99分，就该说了，如果这次"嫦娥一号"由你设计飞行参数，可能就因为丢这一分，导致箭毁人亡。杨凤池说，在国家航天指挥中心做指导时，我问大家"都有谁这样吓唬过孩子"？结果，很大一部分人都举了手。

杨凤池说，家长采取"恐吓"的教育方式，容易给孩子造成心理障碍，更有甚者被吓成了神经官能症。还有的家长一味要求孩子上名校。杨凤池用自己的经历反驳了这一观点：某杂志有一名记者采访杨凤池，问他是不是北京大学教授？杨凤池说，不是。记者又问，那是 B 校或者 C 校的？杨老师又摇头，说自己是首都医科大学的。记者很惊讶，像您这样的成就怎么会是首医的？"我告诉那位记者，让大家误以为我出自北大我很荣幸，同时，我也没有因为不是北大的而遗憾。"

早期教育：在孕育生命时开始

杨凤池问记者，这次听讲课的父母中有多少是"准父母"，有多少是 3 岁以下孩子的家长，有多少是 3 岁到 7 岁孩子的家长，有多少是中小学生的家长？杨凤池说，他希望"准爸爸妈妈"们多来一些，为什么呢？中学生的家长到现在才开始关心他们，太晚了。

"中国有句古话，叫做'三岁看小，七岁看老'，我认为很有道理，教育孩子，应该在你准备孕育生命的时候开始。"杨凤池认为，很多家长说孩子到了青春期才觉得不好管了，为什么这样呢？是因为家长们前期就不重视他们的教育，到了孩子长大了，就觉得控制不了了。

做个智慧家长

多次担任央视"心理访谈"栏目嘉宾的杨凤池，在家长中拥有无数的"粉丝"。一位母亲在听讲座时激动地说："我可把杨教授盼来了，我困惑着呢！"

杨凤池用一个小故事开始了他的讲座：阿拉伯有一位智者，他长着很长很长的胡子，任何人的任何问题都难不倒他，有一天一个孩子问道："你睡觉的时候是把胡子放在被子的外面还是放在被子的里面？"智者是怎么回答的呢？他说："我明天再回答你这个问题。"因为智者还真没注意到他这胡子究竟放哪儿。其实教育中遇到困惑时，要像那位智者一样，稍微运用小技巧，就能成为智慧家长。

家长太照顾，孩子会厌学

杨凤池问现场的家长，有多少人和孩子说过这样的话："你只要把学习搞好了，什么都不用干！""你想要什么，爸爸妈妈都满足你，我们对你唯一的要求是把学习搞上去！"记者看了一下，90%以上的家长都举起了手。杨凤池问举手举得最高最快的母亲，你孩子学习怎么样？那位母亲说："原来学习挺好，后来下降了。"光是下降了吗？杨凤池说，他应该不爱学习了才对啊。

"不爱学习的孩子有一个共同的特点：家长全方位地照顾，学习成了唯一的要求。如果这样的话，你的孩子还爱学习，算是幸运，你的孩子要是不爱学习了，那很正常。"杨凤池进而分析道："因为一个人不可能只学习，别的什么都不干，人生也没有哪一个阶段只需把一件事情做好，别的什么事情都不用做。"

杨凤池说，孩子整天地学习，睁开眼睛看书，闭上眼睛继续想，他会多累多烦啊，换做铁人也得崩溃。如果孩子学习累了，你让他洗洗衣服、擦擦地，他可能会因为换了口味而感到愉悦，"如果只让孩子学习，他就会认为学习是这世界上最艰苦的事儿。那不厌学才怪呢！"

孩子遇难题，家长别帮忙

杨凤池说，孩子爱学习不是到了初中才建立起来的好习惯，不爱学习也不是到了初中学习难了才不爱学的。那怎么就越来越不爱学了呢？关键是孩子上小学一年级时，他遇到了一些问题，家长的做法很大程度上影响了孩子今后学习的积极性。

在这个阶段家长应该怎么做呢？杨凤池说，总的指导原则是不告诉；最忌讳的说法是："这你都不会啊？"这样说会严重挫伤孩子的学习积极性。再说，你说这题目简单，是从30岁、40岁人的角度看，但对孩子来说，这题并不简单。告诉孩子怎么做也不好，如果那样，孩子在学习当中遇到第一个难题是家长帮助解决的，以后恐怕你还得陪着学习，依赖性就产生了。

杨凤池认为，重要的是让孩子自己独立思考。当孩子真正独立思考的时候，还要关注着他，表扬和鼓励孩子自己克服学习中的困难。当孩子在小学一年级，学习难度还不大的时候，就能独立面对不会的题，而且能解决它，这样孩子的信心就树立了，以后就不容易厌学了。

间接法解决，用例子引导

青春期孩子的教育，是个令很多父母头痛的问题，这个时期，父母和孩子的沟通很容易产生困难。

和青春期的孩子沟通要遵循以下原则：他不问你，你不问；他问你，你也问。表达观点要中性，不要把自己的观点强加给孩子；不追求孩子在口头上和父母的一致。

不少家长问到孩子早恋的问题。杨凤池说，这个问题不是家长能够解决的，家长要做的是引导和启发。用别人的例子间接引导，比如夫妻之间谈别人的例子来引导他，不直接和他说。吃饭的时候，母亲有一搭无一搭地和父亲说："前楼那个王丫丫，原来学习多好啊，听说和高年级学生谈恋爱，学习成绩一落千丈。"父亲接过来说："那孩子现在也后悔了，当初就像着魔了似的，谁的话也不听！"

杨凤池认为，不必把早恋看得过于严重。家长应该采取淡然的、自然的、不大惊小怪的态度，把该交代的事情交代了，并且告诉孩子："你有权利和别人交往，我们只是发表自己的观点。"何去何从让他自己决定，激发他反思自己做事的态度，强烈地跟踪、干涉，效果反而不好。

孩子"慢半拍"咋办

家长刘女士：我的女儿冰冰是个什么事都慢半拍的孩子，在幼儿园学习叠被子，其他小朋友都叠完了，她刚叠了一角。在家里，每天早上从起床到出门上幼儿园，冰冰的速度更是让我这个妈妈无可奈何，经常因为冰冰的磨蹭而上班迟到，我总是对她说："你怎么这么笨！干什么都这么慢！以后能成什么大事？"后来冰冰的爸爸也加入责备她的行列。现在冰冰的胆子特别的小，而且不愿与父母多说话，经常自己躲在房间里。

杨凤池：在中国的传统教育中，许多家长总认为，孩子有问题不责备会害了孩子，其实这种教育方式极易造成亲子关系之间的冲突，影响孩子的健康发展。那如何教育孩子才能既解决问题又不会伤害自己的孩子呢？

首先，恰当地赞美孩子。只有得到充分鼓励的孩子，其人格发展才会健全。家长需要了解孩子喜欢何种方式的赞美。有的孩子喜欢听激励的话，有的孩子喜欢父母拥抱，有的孩子喜欢看到父母的笑容。

其次，放心地让孩子去做。有的家长认为孩子太小或做事太慢，就替孩子全都做了。其实，孩子完全可以在父母的引导下独立完成，家长的包办代替会让孩子产生被控制感，成年后遇事会缺乏信心，或不敢面对。

最后，分清是家长的需要还是孩子的需要。许多家长为了补偿年轻的遗憾心理，将自己的梦想投放到孩子身上，并寄予很高期望。这样，孩子就成了家长的替代品，而不是一个独立的心理个体。

考试严重焦虑咋办

家长贺女士：儿子在迎接中考的日子里，每天都在题海里拼搏，睡得很少。考试前一个月，他开始越来越紧张，晚上总是睡不着觉。中考时，考卷在他眼前变成了白纸，脑子一片空白，成绩出来后，分数只够上普通高中的。此后，家长的不满、老师的失望压得他喘不过气来。夜里经常做梦，不是梦见考试，就是梦见爸妈不要他了。

杨凤池：这种考试焦虑是如何产生的呢？根源在于对考试的不正确认识。由于父母在孩子考得不好时缺乏鼓励，甚至责骂孩子，使他们形成学习、考试只是为了父母的错误想法。这是一种特殊的个性心理，敏感、过于内向、缺少朋友和兴趣爱好、做事追求完美、缺乏自信心与安全感的学生，就容易产生这样的情绪。

那么，学生朋友们应该如何应对各种考试呢？

要做到这样几点：端正对考试的认识。学生应该在确认自己的知识优势、树立自信心的基础上，在不足上进行补救。

做好充分的考前准备。错开不同科目复习时间，使相应工作的大脑区域得到适当的休息。

正确处理学习与休息的关系。劳逸结合，张弛有度，培养自己的兴趣和爱好；合理用脑，讲求效率，均衡营养，保证大脑功能的良好状态。

自我放松训练。在紧张里通过运用意念控制，调整呼吸，以松弛身体，并体验放松的感觉，从而达到调理心境的目的。

当青春期遭遇更年期

卢勤告诉孩子们，当机会到来的时候，不要说"我不行"，那样机会会与你擦肩而过，你要勇敢地说"我能行"。

著名青少年教育专家"知心姐姐"卢勤，2005 年 9 月 11 日，在北方图书城与本报 400 多名读者面对面，共同探讨家庭教育问题。交流会以互动形式展开，卢勤的语言温暖真挚，生动活泼，她用浅显的道理、新颖的理念化解了家长的困惑，孩子们觉得有人了解他们、理解他们，感觉真好。卢勤成了家长和孩子们共同的"知心姐姐"。

孩子不爱写作业，怎么办

一个孩子上小学二年级的母亲说，儿子不爱写作业，硬逼着他写，也是拖拖拉拉。卢勤解释说，家长一定要让孩子明确："上学是我自己的事，不是爸爸妈妈的事；写作业是我的事，不是爸爸妈妈的事……自己的事情要自己做，这是一种责任。"父母要教会孩子掌控自己的时间。

卢勤说，孩子的一生有很多关键时期，小学一年级是养成良好学习习惯、生活习惯的重要时期。父母要在这个时期帮助孩子养成好习惯，首先是好的生活习惯。比如说每天要按时起床，父母可以给孩子买一个闹钟，并告诉他："从今天开始，你就是小学生了，爸爸妈妈不再叫你起床，闹钟一响，你就要自己起来。"按时睡觉，按时起床，什么时间写作业，什么时候玩，都要有严格的时间。一个好习惯，孩子将一生受益。

青春期和更年期"碰撞"，怎么办

一位初二女孩的父亲最近比较烦，他在外地上班，可三天两头就得往回跑。原来，女儿总和母亲闹别扭，娘俩的关系非常紧张，父亲煞是苦恼。卢勤非常肯定地告诉他，女儿这时最需要父亲，因为孩子有很多烦恼无处倾诉。

女儿和母亲为什么会出现如此严重的对立情绪呢？卢勤说，在初二时女儿和母亲分别进入青春期和更年期。当青春期女儿与更年期母亲"碰撞"时，需要一位裁判，那就是父亲，他要站在一个公正的位置上，有时为妈妈说话，有时为女儿说话，不偏向任何一方，不要让孩子觉得父亲和母亲是"一伙"的。

解决这个问题的关键是沟通和理解。而沟通理解的前提是相互尊重，初二的女孩已经是大孩子了，母亲不要再用管小孩子的方式对待她，多给她一些自由的空间；同时，女儿也要尊重母亲，母亲处在更年期，脾气暴躁，要多站在她的立场想问题。父亲可以在"背后"悄悄跟女儿说："你得帮帮我，好好照顾你母亲，要不我在外面工作不放心。"这样一说，女儿觉得自己有责任了，会更加理解和关心母亲。

老师发现不了我的才能，怎么办

一位母亲说儿子很优秀，就是不会表现，老师总也发现不了他。卢勤把这位小同学请到了台上，问他："你有什么才能想展示啊？"小同学说："我写字好，还会画画。"

卢勤说，不要等待老师去发现你的才能，该"出手"时就"出手"。班级需要写板报，你就说："我来写！"要出板画，你要站出来："我会画！"老师一看，这小男孩行，不错！这不就有机会了吗？如果非得老师给你机会才能展示，那机会不是太少了吗！

像历史人物那样
智慧地生活

2006 年 10 月 28 日，清史专家阎崇年携新书《明亡清兴六十年》(上)亮相北方图书城。几百名读者早早地在门外排起了长长的队伍等待阎老的到来，场面十分火爆。记者在签售现场看到，很多读者手上拿了好几本阎老的新作，替那些不能到现场的朋友签名。

讲座中，阎老谈笑风生、妙语连珠，还不时引经据典，使大家对清朝历史有了更加感性的认识。阎老笑容可掬，对每一位读者提出的问题都进行了详细的解答。有的读者问到他所研究的清朝帝王中最喜欢哪一个时，阎老说道："每个帝王都有他的过人之处，常常是对谁研究得更深入就会更钟情于谁。我个人十分欣赏努尔哈赤的开创精神，他推翻明朝建立了大清帝国，这种精神十分值得我们学习。"

刻苦的学习精神得益于康熙

"别人都说我讲得很好，我家里人说我费了力气才讲得很好，我自己觉得要是不费力气，可能讲得还不如人家。"在央视《百家讲坛》"清十二帝疑案"节目制作过程中，阎老推掉了所有的会议和出差，专心致志地投入到节目内容的准备上。每次讲座都要准备 2 万多字的讲稿，从周一到周四，每天写 5000 字的文稿，周五串稿子、给家人试讲，周六再进行一次修改和调整，晚上散步的时候，他一边遛弯儿一边把第二天要讲的内容在脑子里过一遍，阎老说："如此认真准备，周日上讲台之前心里还是觉得准备不够。"

话外音：阎老研究清史是从康熙入手的，他到北京图书馆和首都图书馆找相关书籍来看，图书馆8时开门，去了还得先办手续，书出库最早9时，按规定11时书又得回库；中午图书馆不开，得等到14时上班，书再出库就是15时，17时又得入库，一天三次，很耗时间。看阎老治学如此辛苦，首都图书馆后来给阎老放宽了限制，中午可以在那儿待着，和工作人员一起，人家休息他看书，第二天书也给他留着，不回库，这样就节省了很多时间。

阎老说他这种刻苦钻研的学习精神，是从康熙皇帝身上学到的。康熙身为帝王，富有全国，享受不尽，却终身都在学习。康熙每天早上天不亮就起来读书学习，然后再上早朝，早朝之后回到宫里接着工作和学习——学习书法，学习儒家的经典，学习自然科学。康熙晚年半身不遂，手拿不了书，就把书放在案上看，还坚持每天写1000个字，当右手写不了字后，就换左手写，这种过人的学习精神成就了康熙的过人之处，所以他的思想超过他同时代的人。

勇敢面对挫折学的是袁崇焕

阎老对袁崇焕这个人物情有独钟。他说袁崇焕有很多优秀品质，最重要的就是勇敢，不论是多么凶狠的敌人，还是险恶的政治环境，袁崇焕都勇敢面对，绝不退缩和屈服，这一点对阎老的影响很大。遇到困难怎么办？克服！遭遇挫折怎么办？战胜！每个人在人生前进的道路上都会遇到种种困难、挫折和坎坷，但是要有一种精神——勇敢，勇敢地去战胜它。

阎老说，他这一生碰到的困难太多了，除了监狱没有坐过，别的困难都碰到过。他最困难的时候是在"文革"之前的下放与"文革"之中的遭遇。不过，当时的阎老还是很乐观，他相信自己能够克服和战胜困难，"在我人生最黑暗的时候，我总是想着光明。日落之后，不就是日出了吗？"

话外音：1963年，年轻的阎崇年被下放到北京南口农场劳动，"五九"的冬天刮着六级风，他穿着背心在野地里干活，但他并不觉得苦，认为这样不仅可以锻炼身体，而且也不耽误读书。因为一边工作一边看书，他被人打了小报告，说他不好好劳动，劳动时候看书，还是宣传封建的线装书。劳动队的领导就把阎崇年叫去，说："你知道这是什么地方吗？"阎崇年说："这是改造思想的地方。"领导又说："既然知道你还不好好学习马列毛选，还看封建毒草的线装书？"阎崇年回答说："我是学习历史的，研究清史的，清朝的书没有平装书也没有精装书，全是线装书。"领导说："你回去等候处理吧。"一个星期后，阎崇年又被找去了，领导说："你读书的精神是好的，但对群众的影响恶劣，这样吧，以后派你去值夜班。"

"文革"期间为了躲过红卫兵的抄家，阎崇年还把宋本清版的《十三经注疏》等书都包上了书皮，还在上面工工整整地用钢笔写着"祝毛主席万寿无疆"，这样才使得早期买的许多书籍得以保存了下来。

阎老说："自己能够有今天的学术上的积累，实在要得益于下放的三年遇到了那位好领导，他给我安排上夜班，其实就是让我有好一点的环境看书，这样看到我看书的人也能少一些，《努尔哈赤传》就是在'文革'的时候写成的。"

教子有方源于帝王"家教"

都说现在的孩子难教，阎老说："你们知道清朝皇帝怎么教孩子的吗？康熙叫儿子背书，背100遍不行，得背120遍；儿子不肯，康熙说，我小时候就是背这么多遍才记住的。不信？你随便拿一本书，随便抽一段。于是，康熙当场就背给儿子听，一字不差，儿子佩服得不得了，乖乖地背120遍。"

阎老说，皇子们读书都非常刻苦，早上4点钟就要到书房，中午就吃侍卫送来的"快餐"，一直要在书房读到晚上6点钟；康熙每天要去书房检查两次，抽查皇子背书，老师还要拿着书对照才能挑出错来，康熙不用，光听就能挑出错来；皇子在练习骑射的课堂上学射箭，康熙亲自上场做示范，连射三箭，箭箭中靶心，皇子们不服都不行。阎老说，现在一些父母，让孩子做功课，自己在上网或看电视，孩子怎么能服气呢？所以，教育还是得言传身教。

阎老说，他很钦佩清太祖努尔哈赤，他最优秀的一个品质就是开创，他开创了一个时代，开创了大清帝国，努尔哈赤的这种开创精神对于他的后代影响也是深远的。这也是一种言传身教，从皇太极到康熙都勇于开拓进取，完全继承了努尔哈赤的这种优秀品质。至于后来的八旗子弟养尊处优、不思进取，恰恰是把他们前辈的开创精神丢掉了。他认为，作为年轻学子，最重要的就是开创，一个人只有具备开创精神，才可能做很多的事情，如果没有开创思想，唯唯诺诺，墨守成规，就很难做大事，也很难担负起重大责任。

话外音：阎老有三个孩子，个个都像父亲一样刻苦努力，学有所成。在国外的两个孩子，一个学社会学，一个学医学，在国内的孩子学法律。受父亲的影响，他们都很喜欢历史。

"女儿原本想走我的路，但我坚决不同意，女孩子研究历史太苦了！"阎老说。阎老的儿女们都很上进，现在也都在自己的领域小有成绩，这大概是继承了父亲能吃苦的优点吧。

真诚第一，技巧第二

鲍尔吉·原野，著名散文作家，曾获得人民文学奖、中国少数民族奖、东北文学奖等多项大奖。

2004 年高考前夕，一位朋友找到作家原野，请他给报考中央戏剧学院的孩子辅导作文。原野婉言推辞，说：别看我是作家，高考作文我辅导不了，我写作是随心所欲，高考是要写"标准文"，怕耽误了孩子。然而，那位朋友非要他辅导不可。

原野告诉他，作文最重要的是真诚，千万不要编造。后来，他按照原野的指导写作文，终于如愿以偿。从真诚开始，原野谈了他对中小学生作文的看法。

写作文是想取悦于谁吗

作文经常会出现这样一个题目：《记一件最感人的事》，很多同学都写过这样的情节：母亲下岗了，还得了重病，但从来不在他面前表现出来，直到有一天放学，他发现母亲在瑟瑟的寒风中卖烤红薯，他热泪盈眶，感动万分，从此决心要好好学习，报答母亲。这确实感人，但班里 10 名以上同学的作文中都出现这样的情节，就显得有些虚假了吧。

孩子们为什么要造假呢？他们在取悦老师，让老师感动。事实上，全班同学都这么写，老师恐怕也很难被感动。要知道，只有真诚的东西才会感动人、感染人。

老师和社会在引导学生们做这样一件事情：只有灾难才能感

人。这种引导扼杀了孩子们的创造力。作文不是制造产品，没有统一的标准。所谓的范文，只是提供了一种思路，一个方法，写作应该体现个性，标准化的东西是没有生命的。

做到不虚假就得说真话，就是要真诚，就要保持一颗童心。我的二外甥阿斯汗天真可爱，他说的话、做的事大人根本想不到。他说："咱们什么时候上月球啊？""不是说彗星要撞地球了吗？咋还没撞呢，我都着急了。"多么率真的问话啊，他在观察和思考中发现问题，这是非常难能可贵的。如果一个人一生都能保持一份童真，那么他就是爱因斯坦，就是爱迪生，任何一位伟大的科学家和发明家终生都是童心未泯的。

记得第一次看到花开的日子吗

作文写不好的另一个原因是缺少观察。孩子们总有这样的感觉：每天的生活都千篇一律，觉得没有东西可写。

原野老师问大家，有谁能准确说出，2004 年春天第一次看到杏花盛开是在什么时间、什么地点？小草吐出绿芽又是在哪一天呢？没有人能回答出来。原野老师说，花开了、草绿了，是一件多么惊天动地的大事啊，它告诉我们春天来了，万物开始复苏，如此重要的信息，你怎能对它无动于衷呢！

观察要对生活有准确的了解，观察是人生的一部分。观察力的背后是一种对家人、对朋友的爱心，对大自然、对宇宙万物的好奇心。每天早晨，你的母亲几点起床？起床后做的第一件事情是什么？突然有一天早晨，她还在床上躺着没有起来给你做饭，你是否想到母亲病了呢？如果连最亲的母亲有了病你都没有观察到，你还会了解谁呢？怎能写出感人的作文呢？

学会观察，生活才会变得丰富；学会观察，生活才会变得美好；学会观察，生活的良辰美景才不会被遗漏。良辰美景不是在市政府广场放烟花的时候，生活本身就是良辰美景。

只有"敢想" 才能"敢写"

2005 年 7 月 18 日，著名作家鲍尔吉·原野在 43 中学与《初中生写作》杂志的小读者交流会上，给同学们上了一堂生动的作文课。

去年冬天，在本报组织的"我们今天怎样写作"的讲座中，原野关于写作的独到见解让中小学生茅塞顿开，当时记者写了一篇《真诚第一，技巧第二》的报道。这次记者再次聆听原野讲座，又有耳目一新之感。他告诉同学们，只有"敢想"才能"敢写"。

公园里，有个女孩说"我想飞"

说到"敢想"，让人不禁想到一句广告词："人类失去联想，世界将会怎样？"原野在谈到写作要大胆联想时，说起让他记忆非常深刻的一件事：一次，原野在百鸟公园散步，他看到一个小女孩站在台阶上，大声地喊："我想飞！"接着小女孩望着天空琢磨着："我怎么才能飞呢？"原野听了小女孩"我想飞"的呐喊，内心特别感动，他说："如果我们都像这个小女孩那么敢想，怎么能写不好作文呢！"

"敢想"是什么？是创造，是创新。原野说，他小时候上数学课时，老师讲解一个定理："两条平行线永远不能相交。"原野心想，永远不能相交是件多悲哀的事情啊，课后他满腹狐疑地问老师："两条平行线真的在任何条件下都不能相交吗？"老师给他的答案是肯定的。如今证明，两条平行线在光速条件下便可能相交。原野说，有多少伟大科学家的发明创造都是"敢想"而"想"出来的。

那个"我想飞"的小女孩和少年时代的原野之所以敢提出疑问，是因为他们都有一颗强烈的好奇心，他们敢于说出自己的真实想法，不怕自己的想法幼稚、不成熟而被别人笑话，因为"敢"，所以思路不受任何形式或思维定势的限制，思路宽广了，素材就多了，文章才有东西可写。 但是，"敢想"不是"乱想"，是在对事物有真实、真切感受基础上的大胆想象和准确表达。

那不仅仅是一根"针"

有的同学说"咏物"的文章不会写，他们或停留在物上，或空泛抒情。原野说，写咏物的文章要做到"不即不离"，既不停留在物上，又切合咏物。这就需要充分展开想象，这种想象不是写童话故事，要敢想但不能瞎想，要与事与人关联起来，用你的想象赋予"物"以"人性化"的魅力。

原野在《针》一文中写道："我回想下乡和结婚的前一夜，母亲都在灯下缝被子。我想起那些棉被是早已缝好的，她又拿出来，加密针脚。……母亲的语言与针线的语言一样，绵绵密密但素朴无声。当孩子远行，当柔软的棉被和线一起到达的时候，母亲的手里只剩下一根孤零零的针。"

原野写"针"，其实是写母爱，她把母亲对儿子的关爱用一根小小的"针"表现得淋漓尽致，眼前仿佛出现了一幅"母爱图"，让人感受"慈母手中线，游子身上衣"的无限真情。

写咏物的文章，要由物想到它背后的故事，想它有没有人生故事，想它是不是与"爱"有关，把这些都"想"了，文章才丰富，才有情。原野调侃道："如果你这样写：针是一个带针眼的小铁棒，它能用来缝衣服、缝裤子……这不是文章，是产品说明书。"

每天十分钟，
大声给孩子念书

上网、看电视、打游戏……现在的孩子面临电视文化和网络文化的双重冲击，他们在图像中迷失，冷落了文字，忘怀了激发想象、启迪心智的阅读！那么，孩子们应该读些什么书，家长应该怎样引导孩子读书呢？今天的孩子应该看些什么书？

六一儿童节前夕，记者电话采访了北京师范大学儿童文学博士生导师、中国儿童文学研究中心主任王泉根，王老师给孩子们开了一些书目，但王老师又提醒晚报的家长读者：书目开得再好，没有好的读书习惯也枉然！因此，他给家长提出这样的建议——每天花上十分钟，大声给孩子念书！

让浮躁的心沉静下来

王老师说，青少年一定要多读书，大量阅读不仅能让浮躁的心沉静下来，而且能够促使孩子们去思考问题、感悟人生。经典的儿童文学作品体现着人间真善美的力量。其实，孩子对"真善美"是十分敏感的，他们在阅读过程中往往还能放大这些东西，对他们的情感陶冶和人格形成会产生不可估量的影响。

"现在的孩子只是愿意读他们觉得好玩的书，剩下的便不感兴趣，家长也往往放任自流。我以为这些好玩的书不应该是他们阅读的主要选择，老师和家长应该加以引导。"

解除成长的烦恼

孩子在成长的过程中会遇到很多问题，尤其是心理方面的，如不能及时化解，就会影响到儿童心理发展，甚至影响到未来的成长与成才。但是，孩子们有了困惑之后往往不知如何表达，家长又不能深入了解孩子的内心，结果使问题越积越多。这时，孩子最需要一本合适的书籍，读过之后能够帮助他们解除成长的烦恼。王老师认为一套图文并茂、低幼类图画故事丛书，很适合孩子阅读。书中通过一个个温馨、幽默的童话故事和一幅幅柔和、丰盈的画面，反映了目前独生子女在其个性发展及社会性发展过程中普遍存在的一些问题，不仅带给孩子阅读的快乐，同时还引导他们去触摸，去体会"分享""关怀""友谊""承受挫折""接受自我"等许多需要孩子用一生去细细感悟的心理品质，建立最初的人际关系。

开启语言之门

王老师说，对于幼儿园的孩子和小学低年级的孩子来说，儿歌、童诗和童话，是开启孩子的语言之门，是培养孩子文字感悟能力的最好媒介。儿歌、童诗，短小精悍，适于诵读。家长可以大声为孩子读书，哪怕一个几岁的孩子，哪怕他再不爱读书，找本好玩的书，每天花十分钟，读一读，讲一个特别有意思的故事，哪怕今天有点不爱听，那也没关系，明天再继续，过几天他就会追着要你读。读一本书是讲故事不能取代的，常常给孩子读书的家长肯定有体会：孩子不知道什么时候，怎么就冒出一个绝妙的词，这个词就是在这种读书的过程中不知不觉获得到的。

王老师建议，少儿阅读刚开始时的引导尤为重要，家长要重视孩子的阅读，让孩子乐于与书本为伴，让孩子从一开始就接触适合他们的书籍。王泉根教授提倡孩子泛读，这样可以接触各种不同类型的好书籍，开阔孩子的视野。

做一个文学爱好者吧

张悦然出生在山东济南，是最具有才情的女作家、最受欢迎的女作家，她爱好文学，发表过很多的文学作品。

生于 1980 年代的女作家张悦然，在北方图书城和读者面对面地交流。在这次坦诚的交流中，给记者印象最深的是她对文学爱好者的忠告："甘愿做一个文学爱好者。"为什么她不鼓励人们当作家，而是让人们甘愿做一个文学爱好者呢？原来这其中是大有讲究的。

读书会喜悦，写作会舒服的人

有些人喜欢文学，是希望文学能给他们更多的东西。一旦文学给不了他们想要的名和利，他们就会放弃。我说那样的人不是真正喜欢文学，而是把文学当成了一种工具。其实，喜欢文学要从心里真正地喜欢，只有喜欢才会快乐，就像"悦"字的组合，只要有"心"，才会喜悦。

文学爱好者应该是一个读书就会喜悦，写作就会感到舒服的人。文学爱好者的写作是自己的心情和感受的全记录，自己写起来舒服，别人看着才会舒服。

在文学爱好者的这个领域里，你所要做的是尽可能地汲取文学养分。可能在成名以后你会觉得很多事情都是水到渠成，那是因为大量、密集的阅读及练习已经经历过了，以后的写作会相对轻松，至少你知道了写作的法则。千万不要因为这个过程漫长，没有人关注而轻易放弃。

浪漫得一塌糊涂的爱情

做一个文学爱好者，少了急功近利，你就会不慌不忙，从容地去丰富自己的阅历。我们这个年龄，缺乏生活阅历，而写作恰恰需要丰富的阅历。这时，与有生活阅历的人交流沟通是增加阅历、丰富创作素材的最好途径，而父母又是我们获取素材的最佳对象。

记得我的母亲给我讲起她的童年，她所讲述的那种玩耍的场景和方式，是我们这代人所无法想象的。母亲说她小时候没有玩具，就和小伙伴们把木头削成一个个零部件，然后做成汽车。母亲把它说得很平淡，但在我的眼中却是那么神奇，我在想象那是怎样一个过程。

我让母亲给我讲述他们的恋爱故事，母亲坐在床前，沉浸在甜蜜的回忆中，我听得着迷了，那个穿蓝色粗布裤子、圆口布鞋的年代竟然也有浪漫得一塌糊涂的爱情。每一次交流不但丰富了我的阅历，也让父母重温了那些美好的过程。

文科和理科阴阳互通

做一个文学爱好者，还有一个好处就是不会因选择了文科就放弃了理科和自然科学的学习。文科需要理科的严谨逻辑做坚实的框架。

文科是没有形状的东西，它没有固定的模式。而理科思维缜密，是用一块块砖头垒起来的，坚固稳定，能够让人触及得到，学习理科会让我觉得这个世界有一些切实的东西存在，给我一种力量。而每一项发明、每一个科研成果都让我充满了信心，觉得世界在发展、在进步。理科让我的性格里面有了很坚韧的一面。

我在国外的学习中发现，有很多学科中都融入了数学的知识。比如说一个设计完美的建筑，把数学中的对称、不对称等知识与艺术相结合，我们在接纳了它的艺术美的同时，也接受了它的数学的理念。于是，我深切感到，文科和理科就像祖先画出的太极图形，阴阳互通，互相环绕，紧紧相连，成为一个圆满的整体。

网络文学：我手写我口

去年中国文学界发生了一件挺轰动的事，一位大学生在网吧里创作出一部 12 万字的描写当代大学生生存状态的小说。这部诞生于网吧的网络小说，出自一位在校的大学生之手，令许多人击节称奇。其实，正是网络文学所特有的优势 ——"我手写我口"，造就出了大批新生代网络作家。

1 月 22 日下午，著名网络作家柏骧在大型教育公益讲座《网络文学创作》中阐释了网络文学的特征和发展趋势，引起了人们的共鸣。

成为文学家，你也有机会

没人能给网络文学下一个准确定义，但如果"顾名思义"的话，网络文学当是发表在网络上的原创作品。它的最大的诱惑，就是为有志于文学创作的人，提供了无限的空间和更多的机会，借用央视主持人李咏的话说，成为文学家，你也有机会。网络文学的诞生，把"文学"这个一直由一小部分人操作于雅室的"东西"普及了——"网络把文学还给了人民"。

网络文学受宠的根本原因

网络文学与传统文学的根本区别，是它的开放性，这里没有传统媒体的编辑守门把关，它面对的是"一切有书写能力的人"，而且，写手们尽可以匿名登录。正是凭着这种开放性和虚拟性，网络写手没有任何顾忌，可以自由地抒写，自由地发表。在这样一个高度自由的空间，写手们尽情地表现自我、发现自我、发泄自我，实现了真正的"我手写我口"。

这种自由写作、自由发表、自由交流的方式，最大限度地激发了文学爱好者的创作热情，可以说网络文学是民间文学的一种复归。

成为评论家，你也有可能

网络文学有一个很大的特点，那就是在很短的时间里能够触动文学最敏感的神经。柏骧说，写作必须加强交流，好歹应该有人评说，文学评论是文学发展的推进剂，是打造新人的加速器。柏骧以她自己从事网络文学创作的实践，深有体会地说，网络就是一个交流的平台，你写得怎么样，只要到网络上去发表，就可以立即得到反馈。在网络面前，既然大家都有机会成为文学家，那么，也就有可能成为评论家。

你看看点击率，看看回复，就知道有多少人关心你的作品，立刻知道你的作品好在哪里，不好在哪里，虽然有些网友的评论不见得准确，但至少也算做是一种观点，对你也是一种启发。写手与评论者互不相识，没有任何功利目的，是纯粹地对文学作品的评论，因此最具客观公正性。你写出的好东西极少有被埋没的可能，你发表的独到见解也极少有被歪曲的情况发生。

同时，网络写手还可以经常看看大家怎么写，什么作品被推上排行榜了，不必等到传统媒体发表出版后才有反馈，在这个信息爆炸的时代，那个过程太长了。这种交流的及时与迅速，有助于提高写手的写作水平，有助于推进网络文学的发展。

"淘气包"的好朋友

2005 年 10 月 18 日，儿童文学作家杨红樱与喜爱她的学生和家长们，在北方图书城聚集一堂，面对面地谈心得、说体会。

杨红樱儿时的梦想是当一名教师，当她如愿以偿和孩子们在一起的时候，却发现让孩子们喜爱的书籍太少了，于是，杨红樱就拿起了笔，给孩子们写故事。当她看到孩子们的情绪随着故事情节的起伏而变化，就连班里的"淘气包"们也安静下来时，那一刻，她给孩子们写东西的冲动就愈发强烈起来。

淘气的孩子有出息

孩子们最感兴趣的是，像马小跳这样的"淘气包"为什么会成为杨红樱作品中的主角呢？杨红樱告诉大家，马小跳的原型是她曾经教过的一个学生，他是学校里大名鼎鼎的"淘气包"，他贪玩、调皮，有着每一个小男孩那个年龄都有的缺点，但同时他又很善良、勇敢，乐于帮助同学。

孩子们喜欢马小跳，是因为在他身上找到了自己的影子，引起了孩子们的共鸣。这个"淘气包"不断地犯错误，也不断地改正错误；而老师允许他犯错误，也允许他改正错误，这让孩子们从老师对待马小跳的态度上，树立了成长进步的信心。马小跳虽然不是大人眼中的"乖孩子"，但他却让孩子们由衷地喜欢。这就是马小跳这个人物形象的独特魅力，也给学校和家庭教育提出了一个严峻的课题：我们应该怎样对待淘气的孩子。

杨红樱认为，孩子们正是在一次次突发奇想，一次次大胆历险之后，才感知了世界、认识了生活。老师和家长都要保持一颗童心，善待孩子的"淘气"，宽容孩子的错误，鼓励孩子的创造，因为很早以前就有这样一句话："淘气的孩子有出息。"

别把期望强加在孩子身上

有同学问道："既然马小跳真有其人，那么，那个和马小跳同样爱玩，甚至可以和儿子比着玩的父亲马天笑，又是根据谁而写的呢？"杨红樱说："他的原型是我的父亲！"

杨红樱有一个幸福快乐的童年。她的父亲是一个教育工作者，他从不把对孩子的期望强加在孩子身上，让她在广阔的空间自由发展。正是因为有如此开明的父母，杨红樱才更懂得如何做一位好母亲。

杨红樱给予女儿非常大的成长空间，甚至从来不问她考了多少分，在班上排名如何，但女儿很清楚该怎样规划自己的人生。杨红樱记得，女儿小学毕业时，主动放弃了保送名额，考上了成都最好的一所外国语学校。杨红樱对女儿常说的一句话是："自己对自己负责！"孩子对自己的成长有自己的设计，父母过多地干预反而会起到反作用。就像精心打理的盆景，虽然很漂亮，但它只能观赏；只有在自然环境卜长成的大树，才可能成为有用之材。

希望全世界的老师都像米兰

一位同学非常激动地说："我非常喜欢《漂亮老师和坏小子》里的米兰老师，我希望全世界的老师都像米兰老师那样！"杨红樱书中的米兰老师是一位刚毕业的漂亮女老师，她和学生们之间发生了很多既有趣又温暖的故事。孩子们心中的米兰老师对待学生，像对待朋友一样平等，像对待亲人一样关怀，像对待弟妹一样充满疼爱。

同学们这回没有问，就猜到了米兰老师的影子，不是杨红樱自己就是杨红樱的老师。事实果真如此。杨红樱上小学时数学不太好，她写"3"从来都是反着写。可是她的数学老师从来没有训斥过她，老师总是很委婉地说："你年龄小，慢慢学，慢慢来。"杨红樱说，在她数学学得很沮丧的时候，数学老师总是说："你的语文特别好，你的数学跟语文比起来，不如语文那么好，但是你的数学仍然还是很好的。"这让杨红樱不仅对数学，而且也对自己的未来充满了信心。从那时起，立志做一名人民教师的杨红樱，从她的数学老师那里得出这样一个结论："老师就应该是这个样子的，长大了我也要做这样的老师。"于是，就有了"长大后我就成了你"的杨红樱，就有了小说中的米兰老师。

童年最喜欢的书：《十万个为什么》

小记者：杨红樱老师，我和我们班的很多同学都很喜欢您的作品，我们很想知道，在您的童年时代对您最有影响的一本书是什么？

杨红樱：我的童年在物质上没有你们富足，那时可看的书籍很少。小时候我最喜欢的一本书是《十万个为什么》，是父亲给我买的，我读了不知道有多少遍，从那时候起我就开始喜欢上了百科知识，这也影响到了我后来的写作，我写的第一本书就是科学童话，这都缘于我小的时候积累了很多百科知识。

印象最深的一件事：上学抄近道

小记者：你的童年快乐吗？印象最深的一件事是什么？

杨红樱：我的童年幸福、自由、快乐。我的成长环境很宽松，父母没有给我很大压力，所以我有很大空间去做很多自己感兴趣的事情。我上小学的时候，没有人接送，我一个人蹦蹦跳跳地去上学，每天在上学途中都会发生很多有意思的事情。我发现从家通往学校至少有8条不同的路，我还不满足，总是想探索新路，每天早晨都在想"今天走哪一条路呢"？我最喜欢走离我家很近的一条路，因为每次走都是一次历险：那是一条小巷，在小巷的尽头有一个侧门，进去就是医院的太平间，要从这条小路穿过去，必须要经过太平间，这是别人都不知道的一个秘密，走过去之后，虽然很害怕，但是会有一种成功的感觉，觉得自己像个大英雄。

影响最大的人：我的父亲杨天笑

小记者：在您的作品中以趣味化的笔法写活了许多影响马小跳成长的人物，那么谁对你的影响最大？

杨红樱：对我影响最大的人是我的父亲。大家还记得马小跳的父亲马天笑吧，这个整日昏头昏脑、吊儿郎当的父亲，实际上是一个童心未泯的人，他对孩子的理解与尊重，为马小跳的成长创造了格外宽松的条件。其实，马天笑的原型就是我的爸爸，他的名字叫杨天笑，正是他的童心让我有了一个无比精彩的童年。

买了个高倍望远镜观察女儿上课

小记者：请您评价一下您的作品《女生日记》。

杨红樱：当初写《女生日记》是受女儿的启发，这是一部跟踪写作的日记体小说。1998 年我女儿读小学六年级的时候开始写，一直写到小学毕业。小学六年级，是一个小女孩成长为少女的时期，我觉得这是特别值得关注和关怀的。这个阶段的孩子，特别是女孩，心理非常脆弱，很敏感，而且有一些自卑，我就是要呼唤所有的成人，所有的妈妈，所有的家长，所有的老师，对这个年龄段，这个特殊阶段成长的女孩，给予一种特别的关怀。

那时候我家就在女儿教室的对面，我就买了个高倍望远镜，天天盯着女儿的教室观察，这件事情当时没给女儿讲。现在她知道了，也就是毫不奇怪地说"你什么事情都做得出来"。

上麦当劳肯德基吃快餐，为的是观察孩子

小记者：这书真的是你写的吗？你一个大人怎么能写出我们孩子这样的东西？

杨红樱：当然是我写的，因为我就沉浸在孩子的世界里，比如说你要让我选择吃什么东西，我也知道麦当劳或肯德基这样的快餐吃了会长胖，我也很怕我长胖，但是要选的话，我肯定还是进这些地方，因为在这种地方会遇到很多的小孩子，我就坐在那里感受他们，观察他们，这种时候我就觉得这就是我的世界。 我只有深入到孩子们中间，才能深切体验孩子们的喜怒哀乐。

马小跳的原型是我的一个学生

小记者：你最喜欢你作品中的哪个人物？马小跳在生活中有原型吗？

杨红樱：我最喜欢的人物是马小跳。马小跳这个人不是编出来的，他是我的一个学生。他当年就像马小跳一样淘气，让校长和所有老师都很头疼，我却觉得他很可爱，身上有很多优秀的素质：勇敢、诚实、有求知欲，有爱心，最重要的是他很快乐，有着一个儿童完整的精神世界。一年级时，我发现他在学校吃东西的时候，永远留下一半给他的妹妹，这让我认定他将来一定是一个有责任感的男人。

我觉得这是一个真实的孩子，所有孩子出现的问题在他身上都可能出现，这很正常，因为成长的过程，就是一个不断犯错误、不断改正错误的过程，我们要允许孩子犯错误。现在，真实的"马小跳"已经30岁了，已经在美国读完了博士。

"营养"我们的心理

　　心理问题，已经成为困扰学生、家长乃至教师的一个严重问题。目前，罹患心理疾病和有心理疾病倾向的学生数量呈上升趋势，并且越是重点学校、越是重点学校里学习较好的学生有心理问题的越多。原因不言自明——都是紧张造成的，意志再坚强的人也受不了长期在高压的环境里生活，心理承受能力再大的人也经受不住争名次的逼迫。所以，解决心理问题的最好办法是家长给自己的孩子减压——减轻心理压力。如果自己的"刀"实在削不了自己的"把"，那就得退一步，看看那些被孩子心理问题搞得焦头烂额的家长的处境吧，他们早已"退而求其次"了，不求孩子"出类拔萃"，只求孩子健康成长——考什么学校已经不重要了，重要的是健康。也不妨听听孩子的呼唤："妈妈，如果要你在我的身体和成绩两样里做出选择，你选择什么？"我们的选择自然不会让孩子失望，但遗憾的是，在这种情形下的选择已经有些晚了，还是早一点给孩子和自己增加点心理营养吧。

健康的心理和体魄更重要

怎样才能培养孩子们良好的心理素质呢？王庆仁说，这是一个长期教育的过程，首先家庭环境要温馨平和，家长不要给孩子太多的压力，让他们在一个轻松的环境里生活。

2005 年 12 月 17 日上午，中国航天专家、"神舟"系列主创人之一王庆仁对孩子们提出的"我离一名航天员还有多远"的问题做了回答，让孩子们充满了信心，不仅激发了他们对航天科技的兴趣，举一反三对个人成长也有很大启发。

勿等"神七"上天，再掀科普"高潮"

一位家长首先发言，他说，他 8 岁的儿子以前每天放学后就是看漫画书、动画片，自从"神六"发射以来，回家第一件事是看有关"神六"的报道。不仅如此，儿子还搜集了很多关于航空航天的图片。可这位父亲说，由于自己对航天知识了解太少，每当儿子问自己问题时，总是张口结舌。他建议学校应该多举办一些关于航天科技知识的讲座，让孩子们对科技保持持久的热情。

王庆仁说，"神五"和"神六"实现了中华民族的飞天梦想，让孩子们对航天科学更加喜爱，更加迫切地希望掌握航天知识。这就给我们的科普工作提出了一个严峻的课题：我们的教育能不能跟上，能不能给孩子想要的东西？很多人热捧航天，其实不一定是真正的喜欢，而是在赶时髦，那意义就不大了，它的热度很快就会冷下来。我们应该像这位父亲说的那样，在中小学生之中普及科技知识，长期、持续地开展科普活动，不要"神五"或者"神六"飞天了，学校才来一次科普"高潮"，平时就搁下不问了。只有平时工作到位了，才能培养起学生学习科技知识的兴趣，达到科普的基本目的。

学习要优秀，健康更重要

望湖路小学的果昱彤同学说："我是一名小学生，很想做一个航天员，我现在应该从哪些方面努力呢？"王庆仁说，学习优秀是必要条件，一个健康的体魄和心理更重要。宇航员的训练是非常辛苦的，比如，一个大头朝下的姿势要连续保持五六天，没有超强的体魄，是无法承受的。而现在的学生课业压力大，很多孩子白天上课、晚上补课，睡眠时间越来越少，这都以是牺牲身体健康为代价的，家长和学生都要注意这一点，不要因为学习而伤了身体。

王庆仁说，心理素质也是一个非常重要的因素。有的孩子说，"我就是要第一名"、"我一定要当班长"，这种积极进取的态度是好的，但为了竞争，用一些不正当的手段，甚至考试作弊，这样的孩子是当不了航天员的，航天员必须具备高尚的道德情操，有团结协作的精神，只有相互鼓励和支持，才能在太空中完成任务。

想当刘翔，
其实是学习困难

讲述人：一位母亲

自从奥运会结束后，我的儿子就像变了一个人似的，从班里的优等生一下子变成了差等生，你要问是什么原因？哎，还不都是体育明星闹的嘛。

儿子上初二了，是老师公认的好孩子，天天放学回家就复习功课，还在市里的英语竞赛中获过奖呢。可是这段时间，儿子开始不爱学习了，天天守着体育频道，没完没了地看，还说学习没意思，不如体育明星风光。得一个世界冠军，这辈子就什么都不用干了。

儿子现在特别崇拜刘翔，说他是中国第一飞人。可儿子的自身素质根本不是搞体育的料，他自己还说："搞田径得有天生的身体条件，我没有爆发力，腿没有劲，练了也没什么发展。"我看他也挺有自知之明的，以为这事就过去了。可谁知道，他还是盯着体育频道，表情凝重，似乎在研究问题。

有一天，儿子说，经过这段时间的研究，他确定了以后的发展"项目"——网球。他说自己在这方面还是有天赋的，练上几年，先拿个国家冠军，然后再走出国门。我和他爸爸都劝他："人家练体育都是从小培养的，再说得冠军的一般都是体育世家，你说咱家连一个爱好体育的都没有，你根本就没有运动细胞，还是好好学习吧，没有知识是不行的。"可儿子哪听得进去啊，振振有词地说："人家刘翔也没练几年啊，以前也没人发现他的能力，就是一个偶然成就了他，他行我怎么不行！"

儿子认准了这条路，放学回来拿着网球拍就去"训练"了，其实所谓的训练就是和几个同学找个空地一起打球。晚上回到家，还不忘自己的"事业"，练哑铃，做俯卧撑，给自己制定运动计划。现在天冷了，他就在家里，拿着拍子挥来挥去的，我们家长的心都被他挥碎了。

儿子现在不但不爱学习，连最起码的自尊心都没有了。前几天的一次考试，他的成绩在班级倒数几名，我拿着成绩单问他："知道成绩为什么会下降得这么快吗？"我本以为他会感到难过，可儿子却说"没考倒第一，你就知足吧。"有时候作业不做，我质问他，他也爱理不理地说："我为什么要做，做作业也成不了世界冠军！"

这孩子怎么一下变成这样了？以前，一道题没做好都会难受半天，又是吃不下饭，又是上火的，你说这才几个月的时间啊，我真想不明白儿子到底是怎么了。

记者就此问题采访了中国医科大学心理学教研室的秦晓霞教授，她对此问题谈了自己的看法：

孩子的这种表现，看上去是对一个新方向的探索，其实却是他退缩和逃避的表现。当一个人面对他无法应对和解决的问题，出现退缩和自卑的情绪时，表现为优越感丧失。可以推测，这个孩子在学习中遇到了某种困难。当他在学习方面达不到他的预期，或者感到自卑时，他就要在其他方面寻求优越，这也是很多学生迷恋游戏的重要原因。

孩子遇到这种情况，家长不能对孩子一味地斥责批评。他们是有困难暂时克服不了，而并不是像我们所担心的，是不是孩子变坏了。所以，我们应该站在他的立场上，分析他可能遇到的问题，比如是学习上的困难，同学关系问题，还是因为其他问题而产生了压力呢？

女儿孤独的背影刺痛了我

讲述人：朴女士

一年来女儿的早恋搅得我们家宅不宁，无奈之下决定让她出国留学。在去机场的路上，女儿一句话都不和我们说，一直望着车窗外。离别时，那个男孩也来了，女儿对家人只是淡淡地说了声"再见"，却泪眼婆娑地望着那个男孩。直到她走进海关通道，都没回过头。那一瞬间，我却感受到女儿的背影是孤独的。面对女儿的痛苦，我不断地问自己，我为阻止女儿早恋所采取的一系列"重大举措"，是不是有什么不对劲儿的地方？

女儿要我相信她

女儿晓颖是一个乖巧的孩子，和我很贴心，遇到啥事儿都愿意和我说。高二刚开学，有一天吃晚饭时，晓颖直愣神儿，拿着筷子在碗里不停地拨来拨去。我问她遇到什么事情了吗？她先是抿嘴一笑，告诉我邻班的一个男生正在追求她。我一听毛孔都竖起来了：高二这么关键的时刻，遇到这事儿还得了！晓颖说："妈，你放心，我不会谈恋爱的，我还要考大学呢。有男生追求，说明我还不赖。"青春期女孩需要异性的肯定，这一点我很理解，再说女儿已经表态了，我也就没再多想。

没过几天，我给晓颖洗校服时，发现口袋里有一张小纸条，字写得工工整整："放学后我在车棚等你！"虽然我很想问晓颖是怎么回事，但一想可能是男孩一厢情愿，就没再问什么。过了一段时间，晓颖越来越不对劲了，晚上放学回家的时间总要比平时晚20多分钟，并且每次都是一个男孩送她回来的。

我问晓颖是怎么回事，她说："妈，请你相信我，我会处理好的！"可是后来我发现他们还有来往，而且越来越频繁。"完了，女儿早恋了。"我不禁发出这样的悲叹。

不让他们有见面机会

我慌了，这可怎么办啊？我和她爸爸都没了主意。第二天，我就去学校把这事儿和她的班主任老师说了，老师也很惊讶，不相信一向听话的晓颖会如此不听话，听说那个男孩是邻班的某某，眉头皱成一团，她说那个男孩是降级降到那个班的，学习不好，晓颖和他在一起就"废"了。

听老师这么说，我更慌了。老师很负责任地说，在学校坚决不让两个孩子有接触的机会。我和老师分析，课间、放学是他们往来见面的主要时间段。放学时，我和她爸爸轮流到校门口等晓颖；而课间，老师就给晓颖安排一些工作，不是让她送作业，就是让她给同学讲题，就是不让她空下来。前几天运动会，老师给晓颖安排了管理服装和运动器械的工作。那天晚上在晓颖的书包里，我看到一张小纸条，上面写道："我跑400米，你怎么没来给我加油？""老师让我看衣服，我没法去！"

这么"围追堵截"，还是没能阻止他们来往。我想到一个办法，给女儿转学。

女儿出国，才知道自己做错了

这是一个很糟糕的办法，女儿已经上高三了，这么折腾对学习会有一些影响，但只要能斩断女儿早恋的根源——不让他们见面，转学是唯一办法。

转学后，晓颖整天闷闷不乐。我原以为小孩子刚换环境会不适应，过几天就什么都忘了。有一天电视上播了这样一条新闻："某某中学的篮球比赛在全区获得第一名。"这正是女儿原来所在的学校，而那个男孩恰恰是篮球队主力。看完这条新闻，女儿低着头回了房间。

眼看高考来临了，这样下去，晓颖的前途就完了。为了挽救晓颖，我决定让她出国留学。下这个决心我们都很痛苦，我舍不得让她去那么远的地方上学，况且她的自理能力很差，怕她照顾不了自己。可我实在没辙了，不能眼睁睁地看着她"堕落"下去，狠狠心让她走吧。

晓颖听说要给她送出国，哭着求我，说她保证会努力学习，一定能考上大学。我心也软了，可一想到一条新闻都能让她情绪波动，还不知道有什么事情发生呢，出国是必须的。

那天在机场，晓颖无助的眼神、孤独的背影深深地刺痛了我，我突然对自己千方百计干涉女儿的所谓"早恋"问题产生了疑问：我是不是做错了什么？

送走晓颖后，那个男孩对我说："阿姨，你知道吗？在你第一次不让晓颖和我来往时，我们就已经明白现在谈感情不是时候，我俩有个'君子约定'，要一起努力考上大学。可是您就是不相信她，硬要给她转学，在新学校她给我打电话，说她很孤独……"

天啊，我到底做了些什么？如果我能冷静地对待孩子的"早恋"问题，也许女儿不会像现在这么痛苦。

堵塞两难，疏导两利

记者就这位母亲的困惑和痛苦，求教于中国医科大学心理学教授秦晓霞。秦教授说，对于中学生的早恋问题，我一向主张"堵不如疏"。以"高压"手段去"堵"已经产生情感的男生、女生交往的渠道是不可能的，尤其在通讯如此发达的今天。这种企图用硬性措施来阻断热恋中男女情感的做法是愚蠢的，至少是不明智的。

人都有这样的心理惯性：愈是得不到的东西，就愈是想要得到。本来当初两个孩子相会的愿望可能不很强烈，可经这么兴师动众地一折腾，反倒让他们觉得非见面不可了。我们常常看到这样的情况：男孩和女孩之间本来是正常交往，所不同的只是比别人走得近一些，对此，有些家长便"风声鹤唳"、"草木皆兵"起来，结果反倒弄假成真了，孩子们有口难辩，家长也痛苦不堪，处在两难境地。

秦教授建议，不论家长和老师，遇到孩子和异性接触比较多的情况，首先不要大惊小怪，更不能采取什么"断然措施"或什么"重要举措"，一句话，不能一"堵"了之。堵不但堵不住，反而容易让感情之堤"决口"。有效的办法是疏导，讲清道理，并且点到为止，因为"真理再前进一步就是谬误"，说多了反倒没有力量了。今天的孩子什么都懂，就像文中提到的那个女孩和男孩一样，他们已经有了自己解决问题的方案，家长何不相信他们一回呢？

老师的希望
成了她的负担

一位在重点中学读初三的女孩，在新学期刚开学就出现了注意力不集中、心烦意乱、易怒、失眠等情绪反应。

这位初三的女孩刚出现这种焦虑的情绪时，成绩略有上升，但持续了一段时间后，由于长期的失眠、情绪不稳定，成绩开始下降，这样的变化让她感到更加害怕，预感到可能来临的失败，焦虑不安的心态加重，情绪反应的症状越来越多，经常哭、闹，甚至产生了"活着还有什么意思"的念头。

秦晓霞为女孩做了心理诊断

这位女孩考前焦虑的表现是典型的"情绪反应"，它占了考前焦虑的70%。经了解，这位女孩的学习成绩非常好，是班级的前10名，而且语文成绩很突出，她的语文老师对她寄予了厚望，希望她能考取中考的语文状元。没想到老师的期望成了她的负担，她总害怕自己辜负了老师的期望，总担心自己取得不了那样好的成绩。

适度的焦虑能使考生发挥潜能，但过度的焦虑则是阻抑个体认知活动的一种消极的情绪反应，有这种情绪的学生大部分感到不同程度的学习困难，记忆力下降，精神难以集中，很容易把注意力分散到各种各样的担忧或多余的事情上，使思维活动陷入呆滞状态，平时记得很清楚的东西到考试时怎么也想不起来。同时，家长的焦虑也影响到孩子，很多像这个女孩一样的学生都进入了误区。

秦晓霞对"情绪反应"采取以下方式

1．痛下决心，不要"面子"。有这类心理问题的同学，最大的特点就是特别要面子，他们的心里总在考虑没有达到预期目标，没法面对老师、同学、家长，甚至是家长的同事、邻居，等等，凡是能沾上点边的人，他们都会——考虑到。其实，学习、考试是自己的事情，跟别人没有多大关系，或者根本就没有什么关系，别人没有像你想得那样多么在意你，没有必要考虑那么多，没有必要给自己徒增烦恼。

2．实事求是，明确标准。这类同学的动机性特别强，特别希望自己"好"，但"好"的标准不清晰，对"好"没有明确的认识，包括他们的家长也不是很清晰。他们总是认为第一名才是"好"，考入前5名才是"好"，其实只要尽到最大努力，把自己的能力发挥出来了就是"好"。即使你在班级排40名，但这样的成绩已经是你努力得来的，那对你而言，就是"好"；如果你在班级是前5名，但并不是你的能力最大限度地发挥而得来的，就不是"好"。最大能力、最大潜能的发挥才是你的目标。

3．只管努力，不问结果。很多学生有急功近利的思想，他们认为只要努力了，就要看到成果。他们把学习看成是上楼，追求一步一个台阶地稳步上升，对原地不动、小幅度上升都感到不满足，小小的后退更让他们难以接受，甚至产生恐惧的心理。他们往往这样想："我的成绩下降了，如果这样下去，我的中考（高考）不就完了吗？肯定什么大学都考不上了。"往往是一两次成绩的起伏，便让他们对自己失去了信心，被还没有到来的挫折给吓倒了。有的孩子因为一次考试没考好而害怕下一次考试的失败，结果出现了不参加第一科考试的现象，因为有些学校规定缺一科考试就可以不排名次了，他们用不排名次的方式来逃避失败。

人生不是一条直线，而是一波三折，有起伏变化的曲线，考试只是人生曲线上的一个"点"，一次小小的失败根本说明不了问题，只要调整好心态，继续努力，就会达到你人生曲线的最高点。

他不是"诈病"

一位成绩很好的高三男生出现考前焦虑症，
几天前走进了心理咨询所。

　　他是个学习很好的学生，学习成绩排在班级前 5 名。他在高考报完名之后出现了考前焦虑症状。高考报名，突然让他感到大考将要来临了，他将面临一场巨大的人生考验，他一下子感到压力很大。这个男孩说，考试题我都会，但我总答不好，特别是后面的大题，我总没有思路，我总在计算一道题答不好会落下多少分。现在他一看书就眼睛疼，疼得眼睛都睁不开，有时候还肚子疼，不看书症状就会有所减轻。这种症状已经持续两个多月了，母亲到处领他看病，检查的结果是身体一切正常。

　　中国医科大学心理学教授秦晓霞诊断：

　　这个男孩并不是"诈病"，他是考前焦虑的另一种表现——躯体反应。当精神紧张、焦虑、压力过大时，人的躯体就会产生一种化学物质，和身体里的疼痛物质相结合，就会在某个部位有了疼痛感。这种疼痛感可能是夸大了、集中了，和有病的症状一模一样，但体检又检查不出什么病来。焦虑一旦缓解或从根本上彻底解决了，躯体上的反应将随之减轻或消失。

　　这种躯体上的反应要比情绪反应严重，它是精神反应的转型。有躯体反应的学生往往不直接面对问题，不愿意承认自己的失败，他们的态度是"我现在身体不舒服，等我身体好了以后再说吧！"用防御性的方式逃避将要面临的问题。

　　产生躯体反应的孩子更要面子，他们把别人对自己的看法看得很重，越是成绩不错越是忧虑和担心：成绩要是不好可怎么办？要是考不上好学校别人该怎么看？

他们不愿意把自己的内心世界向别人敞开，当焦虑、紧张等不良情绪过大，大到他们自己无法承受的时候就转变为躯体上的疼痛。他们想通过在家休息或者上网来缓解疼痛，虽然也得不到彻底的解决，但这种转移暂时掩盖了不愉快。

其实，在现实生活中，大部分人面对困难的时候，往往都想逃避，但成年人会自主地认为：不面对就解决不了问题，而问题不解决，后果会更加严重。但是，青少年往往认识不到这一点，他们习惯用比较"舒服"的方式解决，这种"舒服"的解决方式之一就是"逃避"。

对于有躯体反应症状的孩子，家长要以平常心来对待，不要大惊小怪，不要把忧虑的情绪表现出来。我们必须清楚：焦虑是一种极有"传染性"的不良情绪，尤其在家庭成员之间的蔓延性极强，事实证明，孩子的焦虑往往是家长给"传染"的。在这个时候，家长要给予孩子更多的关怀和温暖，一定不要斥责孩子，也不要说带有刺激的话。家长要做的，就是帮助他们分析问题产生的原因，解除孩子的一些不必要的精神负担。要让孩子认识到，"逃避"解决不了问题，这是一种愚蠢的办法，用"舒服"的方式缓冲压力，其实是把问题积攒下来，可能会面临更多的麻烦。

把惶恐心情复位

一位姓张的高三女生给记者打电话说：自从进入高三以来，我几乎每天都处在焦虑之中。

高三以后，老师每天都在强调分数的重要性，考试也比以前多多了，每次考试后老师都会贴出排名表，每次我都在担心，害怕我的成绩会变差，害怕我的名次会落后于别人，担心成绩下滑，想到这些，我真的好害怕。

这种紧张惶恐的心情在元旦、春节之间愈加强烈，以前感觉还远在天边的高考，突然间近在眼前，顿时变得紧张起来，总不能静下心来好好学习。

清华学子告诉你怎样战胜焦虑

对于学子们出现的这种日甚一日的惶恐心情，记者请毕业于辽宁省实验中学、现就读于清华大学建筑系的郭梦笛同学讲讲她是怎样战胜焦虑的。

焦虑对我的"侵袭"是从高三的第三次模拟考试开始的。那之前我的成绩一直很好，特别是"二模"达到了我个人历史上最好的名次，到了"三模"，我就告诉自己，只能更好才行，我内心惶惶，手足无措。"三模"的成绩让我万分沮丧，难过极了。

当时我在学校住校，我打电话把这个结果告诉了爸爸。爸爸说："孩子，不要难过，其实你的实力并没有改变，真正改变的只是你的心态，你太在意结果了，把你的心复位，成绩很快就能上升。"

爸爸的话给了我很大的启发，经过一段时间的调整，我的成绩又提升了上来，焦虑也消失无踪。作为高考过来人，我的经验是：临大事贵有静气，考前不要多想结果，把精力放在平时，该做的都做了，结果不是我们能控制的。还有，我们在遇到困难时总渴望能向人倾诉，而父母是我们最好的倾诉对象，所以，向父母们敞开心扉，告诉他们自己的困顿与迷惑，这对于我们的成长与进步很重要。

在复习上一定要相信老师的指导，毕竟他们是最有经验的人，在心情沮丧时，也要去听听老师的建议与鼓励，高三的老师都是十分有经验的，考生的心路历程，他们再熟悉不过了。

心理咨询师帮您做"心理按摩"

1月，是考生心理调节的关键期，为什么这么说呢？

首先，是时间上的逼近。每当跨入元旦，时间"嗖嗖"地就进入了高考的"倒计时"，叫人怎能不陡升紧张之感。

其次，是心态上的不平衡。这段时间，班上不少同学都有了好消息：有的获得了保送资格，有的通过了自主招生考试，有的获得了加分的待遇——如果是重点高中，这种情形特别多。其实在高三这一年无论发生什么事情都要以平常心来对待。

第三，是状态上的不自信。第一轮的复习在1月底基本结束了，进入第二轮复习的时候，你可能会发现前面复习的内容又忘了很多，出现了失望和悲观情绪，于是人也开始急躁起来。有句话说得好，"欲速则不达"，剩下的四五个月，是足够让人发生蜕变的。高三的每一步，每一个月，都要踏实稳重地慢慢来，日积月累，必定会有所收获。

在这段迷茫期，考生的父母有时比考生还焦虑，可苦于帮不上忙，跟着着急上火；还有的自认为能帮上点忙，其实也是越帮越忙。这时，父母对考生的最大帮忙莫过于对孩子的理解与尊重，尤其在今后的那些重要模拟考试中，考好了给予鼓励和赞赏，考不好更要给予关怀和支持。如是，考生的心灵会得到最大的安慰，他会明白：自己不是孤军奋战，有那么多人在默默地支持我、关心我、呵护我。这样，慌乱的情绪会渐渐平复，整个人又会充满自信。

能帮助孩子的正是你

每当寒暑假即将结束的时候，孩子们都会产生一种焦虑情绪，专家把这种心理反应称之为"开学焦虑"，这些情绪表现虽然各不相同，但都与对即将重新开始的学习产生的恐惧心理有关——因为恐惧才焦虑。每当遇到自己的孩子有了开学焦虑症状，家长常常束手无策，不知如何是好。

我们的记者就孩子们开学之前出现的心理问题，走访了家教经验丰富的心理咨询师刘海燕，请她给予"开方"诊治。没想到，刘海燕说，能帮助孩子解除这个心理问题的正是家长自己。

症状一：抓紧游戏，最后"疯狂"

在皇姑区某大型游戏中心，正在酣战格斗的高一男生告诉记者，开学后玩的时间少得可怜，剩下这几天要充分利用，最后"疯狂"一把。记者采访中发现，不少学生都有这样的想法，觉得开学后不能经常到游乐场所或网吧玩游戏，就趁开学前好好玩一玩，算是对开学后的一种"补偿"。

咨询师建议：上学期间，家长也要给孩子"放假"。

心理咨询师刘海燕说，寒假比较特殊，正好赶上春节，很多孩子进入完全放松状态，他们觉得上学了就一点儿自己的时间都没有了，很多中学生每天补课到晚上9点，周六周日也不休息，上学让他们感觉单调枯燥甚至喘不过气来，所以才会抓住假期的尾巴"最后疯狂"一把。刘海燕从逆向思维的角度给家长们"开方"：

导致孩子们"最后疯狂"的原因是平常太紧张，所以，在上学的时候，家长一定要想办法减轻孩子的紧张度，让孩子们在心理上感觉上学和放假的"反差"不是太大。家长应该把"学习"和"假期"结合起来，即使不放假，也要多给孩子们一些休息和放松的时间，让他们认识到假期不是完全"解禁"，而上学也不是"苦不堪言"。

症状二：一想到要上学，就无精打采

家长们还反映，当假期即将结束的时候，孩子对生活的热情也随着寒假的结束而跌到谷底。孩子正在上初三的陈先生忧心忡忡："孩子这两天总在那发呆，无精打采的，不看书不说，连平时喜欢的篮球也不玩了。这不快开学了吗，孩子自己也知道该调整情绪了，可是就是提不起精神，什么都不爱做，竟然说，上学没意思，想去做买卖！"

上学太枯燥了，每天就两件事：从家到学校，再从学校回到家，好像一个机器人。

咨询师建议：家长要帮助孩子制定短期目标。

刘海燕说，这种现象比上述的"最后疯狂"还糟糕，心理问题更严重。一提上学就提不起精神的学生，多数是对自己没有信心，比如他们觉得自己已经非常努力了，但假期前的期末考试成绩仍然让人很沮丧，于是便对自己的学习能力产生了怀疑，认为怎么学都那样了，再努力也白搭。

要改变孩子的这种脆弱心理，家长除了给予足够的关怀和温暖之外，最重要的是帮助孩子找回信心。找回信心的最有效办法就是：从实际出发，帮助孩子制定"跳跳脚，可以够得到"的短期目标，比如，这学期你要在哪些方面有所提高，数学还是化学，语文还是外语；也不一定都是学习方面的，比如增强身体素质，改善人际关系等等，都可以做短期目标去实现。有了明确而恰当的"小目标"，将成为孩子们求学的最好动力。

高考失利
怎样打开"心结"

从 6 月 25 日凌晨开始，辽宁的高考考生就获知了高考成绩。面对可能出现的各种结果，真不知"几家欢乐几家愁"。

据中国医科大学心理学专家秦晓霞介绍，从高考估分开始，就有很多考生，甚至家长出现了心理问题，记者收集到了几种比较典型的问题，请秦医生分析和点评，希望能为考生和家长打开"心结"。

给自己一次机会，但不苛求结果

有的考生成绩不如预想的好，与"既定目标"有一定差距，或比预计分数低了一些，这时，他们往往放弃"第二目标"的选择，一味追求"理想目标"，出现了"非某某学校不去"的心理。

秦医生分析：谁不想上好学校，谁不想争取接受更好的教育机会，这种想法根本无可厚非，但关键是很多考生对不甚理想的考试成绩并没有做好充分的心理准备，当挫折来临的时候，他们可能会陷入深深的痛苦之中。

秦医生遇到过这样一位同学，他一心要考哈工大，他说："如果我考不上哈工大，将来就找不到好的工作，找不到好工作，就不会有好的收入，没有好的收入，就不会有好的生活……"令人遗憾的是，他没有被哈工大录取，他放弃了上其他大学的机会，选择了复读。按理说，选择复读也没什么不好，但这位同学的问题在于只认定了一个目标，继而产生一连串的消极推理，并且这种错误逻辑一直影响着他，使他的学习动机过强，心理压力过重，加上第二年高考中的诸多不确定因素，结果能不能比第一年好，还都很难预测。

其实这位同学只要反过来想想，就不会钻"牛角尖"了：考上哈工大，就一定会有好工作吗？就一定会有美好的未来吗？答案是不确定的，这不是一个简单的线性推理，而是一个复杂的多元变量。将来的生活、将来的成就，是由多种因素决定的，而不是完全由上哪所大学这个单一因素确定的。

秦医生建议，考试成绩没有达到预期理想的考生，要正确看待暂时的挫折，多元化地看待问题。其实，"退而求其次"不是在降低标准，而是选择另一种途径来实现梦想；如果你想争取好成绩，考上名牌学校，就应该抱着"我只是给自己一次机会，无论结果怎样我都接受"的心理。

"努力了就会有回报"，不是绝对的

有一些考生无法接受自己考不上理想大学的事实，表现出一种完全的挫败情绪，他们常常自暴自弃："我不行了，考不上好大学，我什么都没有了。"长此以往，会产生抑郁情绪。

秦医生分析：这类考生把考试成绩不理想认定为一种失败。其实，准确地讲，这是一种挫折，失败的结果是极度消极，而挫折的结果只是没有预想的好，并不等于完全失败。

考得不好就认为"失败"的考生，受挫折能力差，陷入"唯一性"的线性思维。他们觉得自己付出了那么多努力，准备得那么充分，就理所当然地会有"成功"的结果，可是当实际结果与自己的想法有一定距离时，他们的信心便大大受挫，无法面对失败，从而产生焦虑、烦躁、失眠、视力下降等心理和生理症状。

这时，考生要调整负面情绪，变线性思维为多元逻辑思维，给自己备下"预案"，做好面对各种结果的心理准备，这样当挫败来临时，就不会不知所措。相反，要充分肯定自己，保留自己的信心，并允许自己暂时的倒退，因为你懂得，有很多因素使既定目标不能即时实现，但可以"延迟"来满足，甚至做好延续到明年还不能实现的心理准备，这决不是消极的态度，这是一种多元化看待事物的正确态度。在"延迟"的过程中，你要充分保留自己的信心，不断地丰富自己，加快实现目标的步伐。但是，如果目标仍未能满足，那也不要抱怨、懊恼，因为个人可控制的因素已经完成，事实上，你已经成功了。

生活是复杂的，没有唯一答案

高考如愿以偿之后，考生顺利升入大学，但根据往年的经验，有一些考生在升入大学后会出现一些心理问题，无法从单一的学习模式中走出来，去迎接丰富多彩的大学生活，有些人根本就无法适应那个全新的环境。

秦医生分析：在高中以前，对学生的评价主要以学习成绩为主，在学习中，学生通过学习例题，进而学会去解决其他问题，而这些题目都是有解题步骤和标准答案的。

进入大学，对学生的评价更加多元化，要求学生有更加全面的综合素质，比如处理人际关系、解决问题的能力等，生活中出现的实际问题可不像数理化那么简单，好多都是你从来没经历过的，你根本不知道答案，也没有唯一的答案。这就要求学生用已知的知识或能力去解决未知问题，综合能力薄弱的学生一旦面对这些从未经历过的问题，就会感到恐惧和无助。

有这样一位女生，去年她考上了一所国内知名大学。上课时，老师一节课讲20多页书，她说："老师讲那么快，我什么都没学会，高中老师都是一道题一道题地'抠'，考试可怎么办啊？"

这位同学就是没有从惯有模式中走出来，不适应探索式学习，这让她没有了以往考试前胸有成竹的感觉，结果，在期末考试前，她从学校"逃"了回来。

那些平时只注重学习成绩的同学，其他方面的弱点都被优异的学习成绩掩盖了。因此，在进入大学前的这段时间，父母要多给孩子创造一些与朋友交往的机会，多让孩子独立面对和解决一些问题。学生自己也要做好充分的心理准备，当发现自己有哪方面的不足时，要勇于正视和迎接挑战，不要试图用学习等其他方式"代偿"某方面的不足，要注重个人素质的全面发展，正确认识自己后，不要急于求成，要给自己充足的时间来慢慢补足。

外孙，你太伤姥姥心了

一位 60 多岁的老人紧紧握着记者的手，声音颤抖地说："记者同志，救救我的外孙吧。他现在这个样子，我真不知道怎么办好！"

老人的女儿在孩子上学的时候就离了婚，为了维持生计，女儿出国到阿联酋打工，9 岁的外孙跟我生活在一起，父亲虽然近在咫尺，但也很少关心孩子，外孙的世界中只有我这个老人。

渐渐地，外孙由一个听话的孩子，变得说谎、逃学、迷恋网络，竟然对我这个无微不至照顾他的姥姥恶言相向，出言伤害。

他竟然说我这老太太长得"违章"

上周六的早晨，他站在门口向我要 300 元钱，说是下午和同学去买衣服，我怕他拿着钱去上网，跟他说："姥姥陪你去，你那么小，又不会讲价，你舅家孩子都上高中了，还让他妈妈陪着呢！"可他大声地对我吼："我妈要是在家，我也让她陪我，她不是不在吗？谁要你这个长得'违章'的老太太陪啊！"

这话气得我浑身直打哆嗦，可他却倚在门口，仰着头说："你不给我钱，我就不上学了。"我拿他真的没有一点儿办法，只好给了他钱，告诉他："不许去上网，剩下的钱一定要交给姥姥。"

晚上，他拿回来一件只值几十元钱的上衣和所剩无几的钱，我知道他又把钱拿去乱花了，我的眼泪落了下来。

他爸不容易，难道我容易吗

前几天，孩子的爸爸到家里来，我跟孩子的父亲说："你已经几个月没给孩子生活费了，她妈妈那边的工作也不顺利，给孩子留点生活费吧。"孩子的父亲掏出 300 元说："我就这些钱了，给你们留 200 元吧。"

他爸爸走后，外孙不满地瞪着我说："你怎么管他要钱呢？我爸爸多不容易啊，你知道他天天都吃什么吗？你怎么好意思！"

我的眼泪在眼圈里打转，心像被针扎了一样。这孩子太让我伤心了。他爸爸不容易，难道我容易吗？自从女儿出国打工之后，我一个人抚养他。我借钱租了间房，开了家洗衣店。我整天不停地洗，不停地熨，腰累得直不起来，手泡得起了皱。有时候，洗完一件军大衣，我的手连茶杯都拿不住。我这样爱他、关心他，他为什么这样对待我呢？其实，孩子怎么对待我，我都可以忍受，我只是担心，这孩子这样下去，不是把自己毁了吗？

专家观点：隔辈人的爱不能取代父母的爱

记者就此问题采访了国家级心理咨询师、沈阳晚报心理援助团团长李迎春老师。

李老师说，这个孩子小的时候一定是在父母的溺爱下长大的，孩子的任何欲望家长都可以满足，并且孩子在得到这些满足时认为这是应该的，是理所当然的。孩子并没有把父母给予他的物质满足凝结成情感留在心中，长此以往，孩子就会产生对他人的情感淡漠的心理问题。

孩子的父母离异之后，生活环境发生了很大变化，孩子在心理上可能会产生被抛弃感，并且这种心理会随着生活事件的积累发生很大的变化，从儿童期对父母的心理依恋，到父母离异之后的孤独，孩子的心理落差会逐渐升级，以致于内心产生了报复心理，他姥姥对他愈关心，他愈加反感，这种反常的态度就是这种不自觉的报复心理的反映。

父母"经营"出来的孩子很脆弱

"高知家庭的孩子极易患孤独症"、"家境优越的孩子心理问题越来越多"……

近日，记者从多位心理专家那里了解到，家境优越、父母能力很强的孩子，因父母过分"设计"其成长轨迹，孩子或在面临大考时，或在上大学时，或在参加工作后，或在成人恋爱阶段，往往会出现很多不适应的状况，有的甚至出现心理疾病，形成残缺人格。

妈妈的"光环"能亮多久

婷婷在母亲教书的小学学校里读书，母亲觉得自己是教师，女儿的学习成绩一定要出众才行。所以婷婷一上小学，母亲就手把手地教女儿写字，每天要为她检查好几遍作业，直到确认没有错误才放心，婷婷的作业每次都是优，学习成绩很出众。加上她是本校老师的孩子，所以一般班上什么好事都给她。什么优秀学生、优秀班干部的荣誉都少不了婷婷，母亲更有成就感了，对婷婷的教育更加上心，让她参加奥数、作文、英语培训班。奥数婷婷听得有些吃力，母亲就和她一起听，笔记记得比婷婷还认真，不懂的问题还要向老师请教，都弄懂之后，回家再教给女儿。就这样婷婷在母亲的扶持下以十分优异的成绩小学毕业。

婷婷上了初中后，一下子离开了母亲的视线，变得不知所措起来，她还像读小学时那样居高临下地呵斥淘气的同学，同学关系很紧张；而学习科目又多，任务重，对有的理科辅导母亲也变得力不从心，婷婷再怎么努力也不能名列前茅了。班长的位置也被同学选下去了。婷婷心理落差很大，母亲更着急。婷婷变得特别爱哭，脾气暴躁。中考时，一心以为自己能考上公费省重点高中的婷婷，成绩却刚到自费线。这意味着收入并不高的父母要为她支付3万元的学费。中考后暑假的一天，婷婷偶然听见爸爸和妈妈吵架，好像爸爸工作遇到了危机。在多方的压力下，婷婷心理崩溃了。她突然哭闹不止，彻夜失眠。医生说她患上了癔症性心理疾病。

长大了，妈妈也不敢放手

盈盈母亲是某教师学校的校长，在人们眼里，盈盈母亲是个女强人，母亲告诉盈盈一定要给她争气，并步步为女儿设计好了一切。盈盈也特别懂事，按照母亲为她设计的轨道平稳前进，学习成绩也很好。

高三时，盈盈想要报考与自己实力相当的东北大学，可是母亲硬让她报考浙江大学，并告诉盈盈："你有这个实力，加把劲儿一定没问题的！"为了母亲的一句"没问题"，盈盈每天学校放学后就待在屋里学习，一学就到半夜，第二天天还没亮就起来看英语、背古文。一年的努力没有白费，高考时盈盈以高出分数线1分的成绩考入浙江大学。大家都很羡慕，说盈盈真有出息。

进入大学后，盈盈发现身边的同学都那么强，她的"高分"在班级里竟是最后一名，第一学期还勉强跟得上，第二学期，盈盈觉得学得太辛苦了，索性放弃了努力。之后，盈盈就像变了一个人似的，不爱学习了，对什么事儿都很苛刻，身边没有一个朋友。好不容易大学毕业了，找工作又成了问题，盈盈不懂得如何与人沟通，不知道怎样推销自己。母亲没有办法只好继续帮助女儿。在各种招聘会上，每当抱着简历的女儿走到一个企业的展台前咨询，母亲手拿笔记本就会立刻挤到旁边认真地记录，还不时地向招聘人员询问一下公司的地点、工资水平、福利待遇等情况。母亲说，女儿没有社会经验，太单纯，她还是先帮一把，等成熟后再让她独立吧！

"小宝贝" 潜力大

有的父母或许会认为，我的孩子不是具有创造力的人，他又不是什么科学家，发明家。在我们的眼中，他们只是我们的"小宝贝"，我们要把他们放在手心里呵护他们。其实，这是家长们的一种误解认识，把我们孩子们的创造力看得太渺小了，对于孩子来说，虽然他们并不能创造出什么"改变世界、改变人类的伟大东西"，但他们却蕴藏着巨大的创造潜能，只不过是他潜在的创造力还没有被开发利用起来罢了。

当您的孩子画出一幅"乱七八糟"的图画来；当您的孩子把手电筒、摇控器、玩具"大御八块"时；当孩子说出一句"异想天开"的话语时，那都是孩子创造力的表现。我们的家长一定要学会欣赏自己的孩子，不要认为他们还小，要让他们自由地成长。就如儿童教育家陶行知先生说过的："处处都是创造之地，天天是创造之时，人人是创造之人。"

在孩子的日常生活中，细心的家长就不难发现，孩子随时都有创造的潜在能力，关键是我们家长如何发现、引导、启发和培养孩子的这种看似"小儿科"的创造力。

"经营" 孩子是危险的教育理念

记者就此问题采访了心理咨询师刘海燕。刘海燕分析说，现在很多高学历、高职位、高能力家长，他们在孩子的教育上颇为自信，以为以自己的知识结构、以自己的拼搏实践、以自己的成长经历，培养出一个好孩子不成什么问题。殊不知，教育孩子是一门特殊的学问，家长的学历和工作能力与其教子水平并不是绝对成正比的。不少有本事的父母在教育孩子的方法上都存在着某种程度上的误区。他们往往把自己的成功经验套用在孩子身上。不论孩子学习能力如何、心理需求是什么，盲目地通过自己的社会关系把孩子送进名校。进了名校还要进重点班，进重点班之后，家长还要跟班主任做好工作，总之为孩子成长做好一切铺垫。刘海燕说，有个男孩儿来求医时对她说，自己在初一时已经跟不上同学的脚步了，可妈妈无视自己的学习能力硬是把他送进了本市最好的高中借读。他只想学汽车驾驶，将来能做个好司机，可妈妈就是要他考那个他根本考不上的大学。在重点高中里，身边优秀同学把他对学习、对生活最后一点热情和自信都打击没了，他觉得活着很没意思。妈妈却觉得为儿子做出了巨大牺牲。

问题的严重性在于"经营"两个字上。成长是要孩子自己来完成的，被"经营"出来的孩子，所获得的光环和优越条件不是靠自己努力竞争赢得的，孩子享有这"虚假繁荣"时可能会错误地估计了自己的能力，一切因获得太容易，让孩子精神上产生了依赖性，依赖性是成长最大的敌人。上学家长可以安排，找工作家长可以帮忙，但是，家长没法代替孩子去工作、去恋爱，真正的自信必须靠自己的能力去赢得。有的乖孩子上学时一路顺风顺水，但进入工作岗位，人际关系处理不善，工作压力承受不了、崩溃了；有的在成人后，因为感情不成熟，失恋了，心理崩溃了。父母"经营"长大的孩子，人格大多会有缺欠。这种缺欠如果延续到成年，势必会影响一生。

班主任参与 "心理会诊"

学生遇到心理问题，老师束手无策可不行。近日，沈阳市第 84 中学就为老师们组织了一次特殊 "就诊"，全校班主任教师集体参加了一次心理咨询，刘海燕、周咏梅两位心理咨询师当场会诊。

很多人都感叹现在的孩子真是非常的难教。其实，孩子自己也不愿意得到的评价是这样的，他们更愿意得到人们的中肯。但是由于诸多的因素存在，"孩子问题"令人们头疼，这源于孩子的心理上出现了一些问题，在这里我倡导父母要用心去了解自己的孩子，让孩子有更多的自由，生活的更快乐一些吧！令他们拥有一个健康的心理。这样，孩子和家长的压力都会有所缓解。

个案陈述：初二（5）班班主任韩芙蓉

我们班有一个男生，几乎每天都迟到，我跟他说按时到校是每位学生必须遵守的行为规范。可是每次说完之后都没有什么效果，他依然迟到。我和他的家长进行沟通，他母亲竟然说："这不怨孩子，是我没按时叫他起床！"

除了上课迟到，他似乎不知道什么时间该上厕所，不是在快上课，就是快下课时去厕所。我觉得很奇怪，连小学生都知道的规矩，他怎么能不懂呢！

"为什么不在下课时间上厕所呢？"

"下课时间厕所人多，我想和同学们错开。"

"假设大家都和你一样，那不就乱了吗？大家都坐好准备上课你才进来，大家都在上课，你举手要去厕所，多影响同学们上课啊！"

"我没想过这样的问题！"

专家会诊：有的家长从小就帮孩子把本应由孩子完成的事情全部越俎代庖，或者家长看到孩子一旦做不好就代替他去做，导致孩子的实践非常少，遇事儿想当然。这位男同学不知道要按时到校、课间上厕所，可以看出他的父母凡事完全包办，使得孩子的自我意识过强，不在乎对方的感受，不会和别人交流与沟通，自我不"升级"，"长大"对于他来说只是年龄在增长，而非心智的成长，这样的孩子自然会显得有些幼稚。

所以，当孩子遇到问题时，家长应教给孩子方法，不要把具体步骤都告诉孩子，甚至代他去做，应该留给孩子自己尝试解决问题的空间，摔个跟头自己再爬起来，他以后才知道该怎么去做。

个案陈述：初一（8）班班主任王丽岩

元旦放假回来，我让班长张彤（化名）把假期留的作业收上来送到办公室。检查作业时，我发现班上一个平时表现出色、学习成绩很好的同学交了一个空白笔记本，上面一个字儿都没有，我问他原因，他说："我完成作业了，早晨交作业的时候并不是这样的啊。"我仔细一看，笔记本上有被撕页的痕迹，而且笔记本的第一页还有很深的圆珠笔印记，说明是写过作业的。后来，一位同学告诉我，她看到班长张彤在去办公室的途中，把作业本放到窗台上，好像在撕着什么。张彤主动向我承认错误，他哭着说是他把那位同学的作业撕了下来。

原来，张彤自上初中以来学习成绩一直是班上第一名，但是这个学期，那位同学取代了他的位置，成为全班第一名，他渐渐地对"现任第一名"产生了妒嫉心理，于是他就把那位同学所做的作业撕下来，让老师误以为那位同学没有完成作业。

专家会诊：受不了别人比自己好，是当代独生子女的通病，很多孩子表现出"只能我赢，不能你赢"的不正常心理，他们完全以自我为中心去处理问题，只想获得和占有，不想付出和给予。这主要是由于家长对孩子的宠爱使孩子的心理成长出现偏差，使得孩子只爱他自己，认为自己永远是中心，要被关注。

一个人要立足于社会，不但要有丰富的知识，还必须要有宽阔的胸怀和团队的合作精神。老师和家长要让学生认识到：再平凡的人也有自己的闪光点，再优秀的人也会有盲点在身，真正完美的人是不存在的。所以别人在某些方面比自己强不足为奇。一个人正确的自我认知应该是，既看到自己的优点，又敢于承认自己的不足。这样才能不断进步，活得从容，活得愉快。

个案陈述：初二（3）班班主任邹红

我们班有一个学生叫小宇，学习成绩很出色，数学成绩尤为突出。有一次数学考试，题量很大，大部分同学都没答完题，小宇也有几道题没来得及写，考了70多分，而他的平时成绩都是90多分。打那以后，小宇就特别害怕数学考试，总是担心答不完题，害怕考不好。前几天一次数学考试，他告诉我，考试刚过半个小时，他就心跳加速，觉得还有很多很多题没答，连呼吸都有些困难，小宇不得不放下笔，做了几次深呼吸才能继续答题。还有20分钟交卷时，小宇只剩最后一道大题了，这道题都是以前练过的，可他就是不敢下笔，手在不停地颤抖，最后他强迫自己把这道题答完。交完卷子后，他沮丧地说："我又考砸了！"然而，小宇的数学成绩得了90多分。尽管如此，他对自己还是没有信心。

专家会诊：听邹老师的介绍而得知，小宇的母亲对他寄予很大的希望，甚至把全部注意力都集中在孩子身上，母亲的想法是：只要学习好，就一好百好。小宇接受的暗示就是：父母为我做的一切都是让我成绩好。家长的过分关心在无形之中变成了压力，因此孩子生怕自己做得不够好，对自己的要求过高且常常绝对化。

　　所以，家长要采取措施为孩子减压，越是临近考试，就越要像平时一样地与孩子相处，不要给孩子制造紧张气氛，特别不要说好像安慰孩子的话，比如"不要紧张"、"要放松"，这样往往会适得其反。另外要给孩子多建立些信心的支持点，告诉他们成绩不是衡量优秀与否的唯一标准，要信任、鼓励孩子，让孩子树立信心。

你对妈妈说过 "谢谢" 吗

鲁迅美术学院文化传播与管理系前几天开了一个特别的班会：感恩父母行动汇报会。

在这次感恩父母汇报班会上，系主任张伟给同学们讲了这样一个故事：一个女孩和母亲闹意见，赌气离家出走。女孩在外面闲逛了一天，身上没带钱，饿得不行，走进了一家小餐馆，老板的年龄和她母亲相仿，听了女孩的事儿后，给她做了一碗面条，女孩看着热气腾腾的面条，很是感动，不停地说"谢谢"，老板说："你母亲给你做了 18 年的饭，你感谢过她吗？"

张主任说，如果不是饭店老板的提醒，女孩可能从来都没想过，这 18 年来父母为了她付出了多少。现在的孩子生活条件优越，备受长辈呵护，形成了以自我为中心的观念，认为长辈为自己所做的一切都是"天经地义"、"理所应当"的。有的大学生家庭生活很困难，但为了面子，盲目攀比、超前消费，毫不体恤父母的艰辛。这样的学生不懂得爱，不知道体恤父母，感恩意识已经淡化和缺失。

吴晶：消除了她对父母的怨恨

"感恩行动"在鲁迅美术学院文化传播与管理系开展两年来，学生们的变化是惊人的，以前他们不是不懂得爱，只是没有用心去发现、去感受、去表达。今天，同学们产生了对爱进行了回报的强烈欲望，发自心底的一句话冲口而出：感恩，真好！

吴晶的父母从她记事儿起就总是吵个不停，父亲脾气暴躁，总对母亲大喊大叫，每次吵架，吴晶都认为是父亲的错。一直以来，吴晶和父亲的关系都很紧张，她甚至有些恨父亲。

"感恩行动"开展之后，让吴晶慢慢回想她成长的20年，她曾忽略的点点滴滴都浮现在眼前：初中时，她在离家很远的地方补课，父亲每次都骑着自行车把她送到补课地点，目送着她上楼，父亲才放心地骑车往回返，一去一回要两个多小时。有一次下了很大的雪，父亲在回家的路上摔倒了，他不让母亲告诉吴晶，怕她担心。吴晶还记得，高中时父母都下岗了，生活很困难，她住校的时候，父母就在家里吃咸菜，可每当吴晶周末回家，父亲都张罗着买肉，给她补充营养。刚上大学那几天，每次打电话回家，父亲都特别激动，关切地询问她过得怎么样，吃得好不好……说到这些，吴晶哽咽了，她第一次觉得父亲是那么慈祥，她第一次发现父亲是爱她的。而她过去那样恨父亲，对父亲是一种多大的伤害呀，父母之间的事不用子女来评判，子女们应该用一颗感恩的心去理解和包容父母。

樊磊：让她学会与母亲共同撑起不幸

樊磊是那种在蜜罐里泡大的孩子，家庭富足，父母宠爱，老爸老妈恨不得把饭喂到她嘴里。可就在她高考那年，父亲突然病逝，母亲也病倒了，原本美满的家庭在一夜间破碎了，樊磊的天空变得一片灰暗，觉得世界对她不公平，把原本属于她的东西都夺走了。上了大学后，原本学艺术的她又被调到了非艺术专业，接二连三的打击让樊磊无法接受，她对生活失去了希望，独自生活在一个人的世界里。

"感恩行动"让樊磊开始用心去体会爱：当家庭变故突然来临，母亲承受的痛苦难以想象，但不论多苦，她从不在樊磊面前流泪，母亲希望女儿能够坚强。在她心灰意冷时，老师和同学们给了她很多鼓励和帮助，是大家帮她度过了最难熬的日子……虽然生活对她有些残酷，但樊磊一直生活在爱的海洋里，她是幸福的。樊磊不再抱怨，她要快乐地生活，为了母亲，为了所有关心她的人。父亲虽然不在了，但父亲对他的爱是永恒的，她要珍惜现在的生活，珍惜和母亲在一起的日子，她要成为妈妈的支柱。

石铠：让"阔少"懂得爱爷爷

刚入学时，同学们眼中的石铠是个"阔少"：穿名牌、下馆子、玩摩托。石铠的母亲在南方做生意，常年不在家，父亲承担起照顾他的全部责任。石铠喜欢穿白色衣服，而且一天一换，父亲每天都要给他洗衣服，今年81岁的爷爷也经常加入侍候孙子的行列之中。

今年暑假的一天，爷爷突然头晕、呕吐，石铠吓坏了，赶紧把爷爷送到医院，陪他一起检查、化验。输液时爷爷睡着了，石铠第一次这么近距离地观察这位疼爱自己的耄耋老人，爷爷的头发已经全白了，脸上的皱纹纵横交错，石铠突然觉得很惭愧，这么多年了，都是年事已高的爷爷关心他，而他却很少关心过爷爷。就在这一刻，石铠深深地自责：他忽略了别人对他的爱，也忽略了自己对爱的体会和回报。

爷爷输液的病房，蚊子很多，石铠一边给爷爷扇风，一边驱赶蚊子。这样的情景是以前从未有过的。陪爷爷回家时，石铠怕爷爷累着，说："爷爷，我背你吧！"爷爷愣住了，他不敢相信这是平日很少关心人的孙子说出来的话。

好孩子要从娃娃抓起

孩子的早期教育从什么时候开始？首都医科大学教授、著名教育专家杨凤池先生的观点是，在孕育生命时就应该开始。2007 年 11 月，杨教授在到沈阳举办大型家庭教育讲座之前，为了给这次讲座"预热"，记者电话采访了杨教授。杨教授问，都有哪些人来参加这个讲座？记者答曰：可能主要是中小学生家长吧。杨教授很严肃认真地说，这些家长如果在孩子到了中小学阶段才注意家教问题，已经晚了，应该让准妈妈、准爸爸们多来一些，孩子教育越早效果越好！可见"早教"已经早到了"十月怀胎"之时了，说从"娃娃抓起"似乎都有些晚了。

其实，什么时候开始都不能说"为时已晚"，因为不管怎样，"开始了"总比无动于衷强，就像田径比赛一样，发令枪一响，总不能因为抢先者跑了出去，起跑慢一点的选手就放弃参赛吧。"晚了"决不等于"来不及了"，更何况是从娃娃抓起呢。

培养宝宝懂礼仪

孩子虽然是我们心中的"宝",但是我们依然要时刻培养他们讲文明、懂礼貌的个性。

孩子的赞美,常常会在最恰当的时刻发挥最好的效果。教孩子从小学会赞美,不只是赞美别人,更重要的是,培养他关怀、安慰人的能力。这点,家长的身教最重要,如果爸爸妈妈常常赞美他人,孩子的嘴巴也会比较甜;如果家长话语尖刻,孩子也难说出好话。

镜头一:你们都要顺着我的意思

大年初三,郑先生的几位同事到家里拜访,儿子正坐在客厅的沙发上看电视,郑先生高高兴兴地接待同事,让儿子到屋里去玩,让叔叔阿姨就座。可儿子坐在沙发的中间一点儿反应都没有,眼睛盯着电视看,还很不耐烦地说:"你们到里屋说话去呗,我要看电视!"

郑先生被儿子的举动弄得有些尴尬,用眼神示意让儿子尽快离开。可是没想到儿子竟大声嚷道:"我看我的电视,又不影响你们!"同事们只好在门口寒暄几句,匆匆离去。

专家建议:家里来客人,家长要培养孩子"文明待客"之道,凡事要以客人为先,要引导孩子注意仪表整洁,不穿睡衣、内衣待客;请孩子协助,搞好室内卫生,准备必要的食品、物品。客人进屋后,要教会孩子热情问候,并让孩子做些简单的招待工作,你可以对孩子说"客人来了,宝宝帮助爸爸妈妈给客人拿拖鞋好吗?"之类的话,让他帮忙做点事情。同时家长要特别注意表扬孩子的良好行为举止，这样，孩子会感到很满足，努力地表现好一些。时间长了，孩子就会知道有客人来时自己该怎么做了。

镜头二：我的东西别人不许碰

杨先生很伤脑筋，孩子对客人总是很无礼，家里一来客人，不论是大人还是带小朋友一同来，她都出人意料地表现出霸道、没礼貌，有时候还当着客人的面耍脾气；尤其如果有同龄的小客人，还会和人家抢吃的、抢玩的，很不友好。碍于面子，不能当众严厉地批评她，真不知道如何是好。那天，杨先生的朋友带着女儿冰冰（化名）到家里做客，冰冰和女儿同岁，杨先生特地准备了一些小女孩愿意吃的东西，从女儿的玩具箱里找出了几个漂亮的娃娃给冰冰玩。"这是我的！"女儿一把从冰冰手里抢过娃娃，很不满意地撅起了嘴。杨先生拿起一块巧克力给冰冰，女儿赶忙抓起盘子里剩余的巧克力，全放在了自己的兜里。杨先生有些生气，但又不能当着客人的面批评她。

专家建议：家长要时刻注意培养孩子的"分享"意识和"大方"的胸怀，不要等来了客人才想起来进行教育。对客人来访表示欢迎，态度要热情，要有礼貌，特别是对待来访小朋友，要告诉孩子应该与小朋友一起分享食品、玩具；客人走时家长可以领着孩子送客人一段，家长可以教孩子说："欢迎有空再来做客！"在这样的耳濡目染之后，孩子一定会成为一个有礼貌的小主人。

镜头三：乱翻别人家东西

徐女士说，她的女儿活泼好动，对任何东西都有极强的好奇心。前几天，徐女士带女儿去一个好朋友家玩，刚开始她还比较老实，乖乖地坐在那里看电视，可是没过一会儿就坐不住了，站起来四处溜达，一会碰碰墙上的装饰画，一会瞧瞧古董架上的花瓶，徐女士再三叫女儿别乱动东西，可是她就是不听。

徐女士的好朋友是搞美容化妆的，房间里有一个很精致的小匣子，里面装满了各种护肤品，女儿趁大家没注意，鼓捣着把小匣子打开，把里面的东西都翻了出来，各种五颜六色的瓶子吸引了女儿，顺手扭开盖子，把护肤品挤得衣服、地上到处都是。

专家建议：到朋友家做客要先培养孩子"做客之道"，凡事要遵守主人家里的规矩。要引导孩子做事前征求父母或主人的意见。孩子的天性就是好奇，在陌生的环境中更是如此，因此要告诉孩子未经主人允许，不能到其他房间走动，不随意乱拿、乱翻主人室内的物品和陈设，这些都是不礼貌的。

镜头四：爱吃的东西只管自己吃

刘女士带着5岁的女儿去同学家做客，出门前再三嘱咐女儿到别人家一定要懂礼貌。中午吃饭时，主人刚说"开饭"了，女儿第一个跑到饭厅，坐在了主位上。刘女士让女儿等叔叔阿姨都坐下后再入座，可她就是不听。几个菜刚上桌，大家都还没动筷子，女儿就拿起筷子挨个菜地尝。有一道"水果沙拉"是她平时最喜欢吃的，她端过来放在自己跟前，旁若无人地吃起来。这样也就罢了，大家正吃到兴头上，女儿已经吃得饱饱的了，她大声说："妈，我想拉屎！"

专家建议：吃饭时，要礼让长辈先行入座，不可自行挑选座位，要等主人的安排后方可入座；取菜时要轮流、适量地取，不可遇到自己喜欢的菜就"据为己有"；不能用自己的筷子在菜盘中挑挑拣拣、翻来搅去的；吃饭时，要注意吃相，闭嘴咀嚼，一次入口的食物不要太多，口中有食物的时候不要说话；不要发出各种声音，如大声喧哗、敲打碗筷、咀嚼声音过大等；吃完后，要有礼貌地跟长辈打招呼："我吃完了。"然后才能离开。孩子如果要大小便，一定要悄悄地告诉妈妈，不要在大家面前大声地说"我要上厕所"之类的不文明语。同时，吃饭时告诉妈妈，请妈妈帮忙。大一点的孩子要学会使用牙签，并用手捂住牙签快速剔牙。

镜头五："人来疯"，人越多越闹

张女士的儿子5岁了，平时还比较听话，可是每当到别人家串门或有客人来家时，他就放肆起来，像个小皮猴似的，又蹦又跳，异常兴奋，令张女士非常头痛。前几天去姥姥家串门，儿子一进门就冲向沙发，上窜下跳，做各种怪动作，发出各种怪声音，然后又拿起玩具枪挥来舞去，在上面又蹦又跳，嘴里大喊："兄弟们，冲啊！"张女士怎么说、怎么拽，他都不下来。儿子跳着跳着，不小心从沙发上滑下来，碰翻了茶几上的水果篮，苹果、橘子滚了一地！

专家建议："人来疯"现象是家庭教育不当——过度溺爱或过度严厉管束造成的。家里有客人来时，让孩子多与客人接触，学会称呼、问好、招待，使孩子懂得一些待客之道。把孩子介绍给客人，这样可以使孩子不觉得受到冷落，大人们交谈，如果不需要孩子回避，就尽量让他参加。值得注意的是家长不能当着客人的面或在他们玩得正开心的时候打骂、训斥、贬低他们，以防伤害他们的自信心和自尊心。主人还可以请客人适当教育一下，说明什么是乖孩子，自己喜欢什么样的孩子。此外，家长们在平时管教时，对孩子的不良行为不能骄宠、放纵，需要教育、管制的言行就要及时加以制止，不可助长孩子的"以我为中心，我说了算"的心理，久而久之，孩子的自制力也会慢慢地增强起来。

儿童心理指指点点：

所有的幼儿教育专家都认为，要孩子养成好习惯，父母得以身作则。如果孩子常听到爸爸妈妈用"请"字与人沟通，自然而然会明白它该怎么使用。要教孩子将心比心，体会别人的感受与反应，可反问孩子："如果别人这么说你，你会不会很难过？如果会，就不要再说。"也要提醒孩子，没有人喜欢跟这种人做朋友。和孩子讨论他的情绪感觉，建议他使用其他文雅有礼的语句，这样比纯粹的斥责更有效。

"难于启齿"当如何开口

"我是从哪里生出来的?""避孕套是什么东西?"对于孩子提出的这些问题,父母大都难于启齿,可是这些问题是无法回避的,那么如何和孩子谈性呢?什么时候是最佳时机呢?用什么样的方式好呢?就此问题,记者采访了沈阳市心理研究所徐万青和叶蕾两位国家级心理咨询师。

中国的父母传统趋于保守,本身就羞于谈"性",更别说对孩子侃侃而谈了。即使觉得有教育的必要,也把责任推给了学校和老师,自己能避就避。但从心理医生的角度,他们主张"性方面,父母是老师,家庭是课堂",对孩子进行正面性教育是启蒙的必要,也是孩子心理健康的保证。

"小鸡鸡"这类称呼不妥

通常孩子到了四五岁,不但会对自己的身体感到好奇,也会想认知他人的身体。当他看到别人的身体和自己的不同时,就会想知道原因,就会有一些奇奇怪怪的问题,"妈妈,我是从哪儿来的?""为什么我的'下面'和别人的不一样?"等等,孩子的发问正是父母给孩子讲解性知识的最佳时刻。

沈阳市心理研究所叶蕾老师介绍说,对于身体各部位及其功能,家长应该给予明确的解释,并正确地称呼所有的器官,称生殖器官为"下面的""小鸡鸡"这样特殊或滑稽的称呼,会让孩子认为身体的各个部位并不是生而平等的,民间昵称容易给孩子造成混淆，他们心里会嘀咕：为什么大人们对耳朵、鼻子这样的身体部位可以侃侃而谈，对有些部位却是吞吞吐吐、遮遮掩掩呢？这种态度上的差别，会使孩子觉得你之所以避而不提，一定有什么不对劲。唯有正确的称呼才会给孩子们一种科学的、自然的、正常的感觉。

父母在家庭生活中，要选择适当时机，如洗澡、睡前等，很自然地让孩子认识自己的身体，尤其是要让孩子认识到生殖器官与人体其他器官一样并不神秘，而且引导孩子要保持身体各个部位的清洁，养成良好的卫生习惯。家长不必担心孩子太小，不能接受。叶老师说，和孩子谈论性的问题，应当越早开始越好，成人对孩子的提问应该采取开放的态度，大大方方地谈论，让孩子知道这类问题是交谈中可接受的话题。

父母性教育的位置无法取代

叶蕾老师说起了这样一件事儿：一个小男孩腿摔伤了，流了血，他拿钱去买卫生巾，人家问他为什么买，他一本正经地说："电视上说，这样很舒服。"小男孩的回答让人哭笑不得。我们不能责怪电视广告，孩子更没问题，那么问题出在哪里呢？

性是一个人成长中不可避免要遇到的问题，它将伴随人生命的始终。三四岁的孩子已经有了很明显的性别意识，当你告诉一个1岁多的孩子如何上厕所时，这里面就有了性教育的成分。父母是孩子的中心，父母所说的话孩子都会全盘接受，所以，不要等待其他的人或媒体来取代你的位置，父母应该成为孩子性启蒙教育的第一任老师。正确的性观念和性知识应该由父母告诉孩子，以帮助他们树立正确的人生观和你们希望他拥有的价值观。

几乎所有的孩子在"发现"自己的私处之后的一段时期内，都会饶有兴致地抚弄它，因为这是他们身体的一部分，触摸这部分会让他们有感觉，所以这是很正常的行为，家长任何过激的反应——呵斥、训骂或者打掉孩子放在器官上的手——都只会起到相反的作用，让他

（她）更加念念不忘自己的生殖器，并且产生羞耻感，甚至对孩子将来的排泄行为与性生活遗留长远的心理问题。叶老师建议，在性问题上，父母首先要与孩子保持平等，"如果家长也不能回答或者羞于开口时，也一定要保持坦诚的态度，不要故作姿态或遮遮掩掩。"

和孩子谈性不必郑重其事

沈阳市心理研究所徐万青老师说，郑重其事地和孩子谈性，注定是要失败的，应该找机会多谈谈跟性有关的问题。电视节目、电影、报纸上的新闻、杂志上的文章，只要和性有关的问题就可以见缝插针地说。另外，不要指望进行一次性教育就能使孩子终生免疫，父母要在不断的"唠叨"中，让孩子了解父母对性教育的重视。

有的家长问，和孩子谈性是不是一定要性别一致，也就是说，父亲对儿子，母亲对女儿呢？徐老师说，性别一致当然有好处，女儿10岁马上要来月经时，母亲要告诉她，你要来月经了、身体会发生什么样的变化、心理会有什么样的变化。一旦在内裤上发现白色的分泌物，你不要害怕，也不要紧张，说明月经期要开始了，这是每个女人成长过程中都要经历的。徐老师说，这样女孩在精神上有所准备，来月经时就知道怎么去处理了。

"为什么看见漂亮女孩子有时会勃起？"父亲可以这样解释儿子的提问："男孩子成熟后，大脑容易受到视觉影响，感受到性刺激。如果看见一个很有吸引力的女孩时，会感到'兴奋'，这是性刺激下的一种正常生理反应。"

父亲、母亲和孩子交叉交流也是必要的，这会让孩子了解到异性的特质，徐老师提醒，父母要统一口径，不要给孩子大相径庭的回答。

儿童心理指指点点：

孩子，尤其是进入青春期后，他们会惊恐自己的身体变化，另一方面本能地会对异性的身体特别好奇，如果此时向父母提问得不到解答，他们就会自己找方法探索，譬如上网去看，或者与女生接触、交往。这就会存在一定的问题和"危险隐患"了。

孩子的联想很丰富，含糊的方法解答性问题，孩子可能问题就会更多。其实要实话实说，可以简单回答，但不可以欺瞒或信口开河，譬如孩子问"我从哪来？"您可以告诉他爸爸、妈妈相爱，爸爸的身体器官进入到妈妈的身体器官里，爸爸的一个精子和妈妈的一个卵子结合为胚胎，胚胎长大就变成了宝宝也就是你。

宝宝脾气大着呢

去幼儿园的路线改变了，宝宝哭闹不止；不知什么原因就不高兴了，怎么哄都哄不好；衣服上有一个褶儿都不行，非得要熨平了不可……宝宝的脾气大着呢!

孩子的这些奇怪行为常常让大人们无法理解，是宝宝不听话、不懂事吗？难道宝宝也有更年期？首都育婴工作委员会副主任、高级育婴师石晶告诉记者，这是宝宝进入了成长敏感期，家长要细心观察，发现并正确把握敏感期，使孩子更优化地发展。

秩序敏感期：世界一成不变

儿子3岁了，每晚入睡前都要我给他讲故事，有一天我身体不舒服，就让他爸爸给他讲，儿子撅起了小嘴，就在他爸爸捧起书刚要讲的时候，儿子竟然哇哇大哭起来，弄得我们很是莫名其妙。

这孩子现在也不爱去幼儿园了，每天早晨都哭哭啼啼的，原来也不这样啊，我家前面那条路整修，只好改走其他路线，会是这个原因吗？

石老师分析说，宝宝的这些反常表现，是他的"秩序敏感期"来临了。2—4岁的宝宝，他们正在发育的大脑正试图对观察加以归纳，从感性中形成概念，得出结论。所以，他们习惯于按照一定的发展顺序或行为准则生活，认为这个世界就是他们想的那样一成不变的，如果某天发生了变化，他们会感到难过，以哭闹来反抗，比如他们认为每晚讲故事的人就应该是妈妈，一旦不是了，也就是所谓的"秩序"被打乱了，孩子就会痛苦。这在成人看来似乎很不可理喻，谁讲故事不都一样吗？但是孩子就会因为内在的"秩序"被打乱而痛苦。同样,去幼儿园的路线改了——"秩序"变了,他自然感到不舒服。

执拗敏感期:稍不顺心就生气

甜甜一直是一个非常听话的乖乖宝贝,可是近一段时间不像原来那么听话了,和她讲道理也听不进去,开始有点难以管教了。最明显的是,吃饭的时候,不知道什么原因就不吃了,干脆把碗扣过来,不管里面装的是饭还是汤,不管是在幼儿园还是在家里都这样,什么事情非得依着她不可,否则就开始哭闹。

石老师分析说,每一个敏感期的到来,对孩子来说,都是一个成长,一个飞跃。甜甜正值执拗敏感期,她一定要按自己的想法做事情,一旦遭到拒绝就会很烦躁、很痛苦。 石老师建议,陈妈妈劝说甜甜吃饭可以换一种方式:"甜甜吃饭不?""不吃!""不吃啊,不吃算了,不吃东西小肚子会咕噜咕噜叫个不停,下午和小朋友的跳绳比赛没准就赢不了!""会吗?""当然了,不吃饭哪有劲儿啊!"宝宝别扭时,家长顺着他说,他反而容易接受;石老师说,对于执拗的宝宝,家长还可以采取冷淡法,宝宝怎么闹,你都不要理他,不超过 5 分钟,他保准来找你。

其实孩子敏感期并没有那么难对付,有时候父母不忍心顺着孩子,害怕惯坏了他们,可是对处于执拗期的孩子,一旦顺从他,他倒是表现得更顺从一些,家长不是不会做,只是不习惯。

儿童心理指指点点:

从儿童发展的角度看,2 岁左右孩子开始逐步意识到自己的需要和主张,进入第一个 "反抗期"。这个阶段的孩子往往让父母觉得特别有主意,很容易的就发脾气。当然,儿童显得脾气大、个性强,这既可能是其心理发展的阶段特征,也可能是先天的行为倾向,还可能是父母和孩子互动不良的反映。由于孩子本身对自己行为的评价和有意控制能力相对较低,在这种情况下,孩子和父母的交流就显得特别重要了。

幼儿说谎别急着惩罚

"女儿才 3 岁,我发现她有好多次都在说谎!"

近一段时间,一些家长打来电话,讲述孩子说谎的事儿,记者把他们归纳在一起,发现幼儿说谎的表现多种多样,原因也是多方面的。刘海燕、周永梅两位心理咨询师说,幼儿说谎,父母不必大惊小怪,只要加以正确引导,这个阶段很快就会过去。

情景一: "我得了一朵小红花!"

王女士讲述:女儿今年 3 岁半,有一天回到家兴冲冲地对我说:"妈妈,今天我得了一朵小红花,老师说我表现得好!"第二天我送女儿到幼儿园,无意中和老师谈起了此事,老师说女儿并没有得到小红花,而是班里一个小朋友因为在课堂上答对了问题得到了老师的表扬。你说,这孩子才这么大就这样说谎,真是气死我了。

刘海燕:家长不必着急,也不要生气。孩子可能并不知道这就是说谎,她只是想通过这种方式取悦家长,得到爸爸妈妈的称赞或者物质上的奖励。孩子出现这种情况,很可能是第一次得到小红花时,父母亲吻、拥抱、买好吃的等做法让孩子很满足,尔后很久她都没有得到小红花了,也就没有那种满足感。为了"重温"那种快乐,她说谎了——把老师夸别人说成了夸自己。由此可见,家长在教育方式上有些不妥,只在孩子得到荣誉时才给予赏识和鼓励,平时家长要多给孩子一些拥抱,让孩子感受到没有小红花,只要她健康成长,父母也一样喜欢他们。

情景二： "我跑得最快！"

姜先生讲述：前几天，儿子所在的幼儿园开运动会，老师在挑选小运动员时，问："咱们班上，哪个小朋友跑得最快啊？"儿子站起来说："老师，我跑得最快！我要为咱们大班拿第一！"结果，运动会时，很少运动的儿子在比赛中由于用力过猛，摔倒在地上。第一没拿成，还负了伤。

周永梅：幼儿由于理解问题的简单化和不善于分辨想象与现实，往往不切实际地说"大话"，家长和老师切不可将此视为"说谎"，对孩子的积极性应当加以保护。其实，这也是幼儿自信心萌发的表现，有的孩子在家里喜欢运动，在他头脑里没有跑得快的概念，他认为他也能跑，可能就是很快吧。家长应在注意保护、鼓励这种最初的自信心的同时，给予积极的引导，让幼儿逐步学会客观地看待自己所想所说与现实的差距，懂得要想实现美好的愿望，应该从小好好学习、好好锻炼的道理。

情景三： "我爸爸也是警察！"

刘女士讲述：有一天我到幼儿园接儿子，老师随口说了一句："听说孩子的爸爸是警察，他可骄傲了呢！"我听着有些糊涂。原来，儿子在幼儿园里说他爸爸是一个警察，捉住了很多大坏蛋，是个大英雄。这孩子怎么啥都敢说呢？爸爸本来不是警察他也敢说是警察。

周永梅：警察在孩子心里是无所不能的英雄，他看到小朋友的爸爸是警察，觉得那是一件特别自豪的事情。于是，他把这种想象当成了现实，说自己爸爸也是警察。其实，这不能算是一种谎言，而是孩子在心里希望自己的爸爸也像他心中的警察一样高大。这时，母亲首先要给孩子讲解"警察"的概念，然后告诉孩子，你的爸爸和小朋友的警察爸爸都很棒，只是职业不同而已。

有的孩子看到别人有很多玩具，他就说："这些玩具我家都有！"

幼儿这种谎言的出现就比较严重一些，这与家长的教育方式有关系，有的家长为满足孩子，不管家庭条件如何，尽可能提供优越的物质条件。一旦孩子觉得某一方面比不上别人，便可能以说谎来满足自己的虚荣心。父母应在日常生活中，注意调整教育方法，让孩子养成良好的生活习惯。

情景四："不是我，是她推的！"

李女士讲述：前两天，我带5岁的小孙女在楼下玩，她和3个小朋友高兴地玩着"过家家"。这时，一个老邻居经过，我们闲聊了几句。刚一转身，看见孙女使劲推了一下对面的小女孩，小女孩委屈地哭了起来，我赶紧过去，质问孙女为什么要推人，没想到，孙女来个死不承认，就说不是她推的，一口咬定是另一个孩子推的。

刘海燕：幼儿的这类说谎，往往是恐惧心理所致。而滥施惩罚就是造成幼儿产生恐惧心理从而导致说谎的一个重要原因。这位奶奶就是这样，她生怕孩子学坏，一犯错误，常常不问清事由就训斥责备孩子，以致当孩子做错了事时，为了逃避惩罚，便有意说谎。当孩子做错事时，家长应该耐心地而不是强硬地指出孩子的错误所在，并告诉孩子正确的做法。惩罚也要以孩子能承受的方式来进行。家长让孩子信任，孩子才能敢于承担犯错后的责任。因为他知道无论怎样，父母都是了解他的，不会无故责怪他，这样孩子就不会用说谎来掩饰错误了。

两位心理咨询师认为，幼儿说谎，往往与成人的影响有关。特别是幼儿家长的说谎行为，常是造成幼儿说谎的直接原因。父母不跟孩子撒谎，答应孩子的事要说到做到，成为孩子不说谎的榜样。

儿童心理指指点点：

诚实是一种美德，说谎是人人都厌恶的一种不良品质。孩子的说谎分有意和无意两种，无意说谎发生在儿童想象发展的时期。孩子们常常对未来事物产生一种不自觉的幻想，有时把幻想当现实，把某事物夸张到不真实的程度。

　　也有一种说谎是模仿成人行为的结果。成人有两类说谎：一是为应付某种生活情景而不得已为之的，如某人得了不治之症，却对高龄老母隐瞒病情。这对一个学前儿童来讲，是很难理解的。成人自己说谎，却要求孩子别说谎，这会造成孩子心理上失去平衡，行为上失去标准，时间长了，孩子也会模仿着说谎。二是父母对孩子言而无信，也会造成孩子说谎。如有些父母经常漫不经心地向该子许下诺言，事后又没兑现，使孩子感到父母是在欺骗自己，于是他也欺骗父母或别人。

　　如果我们发现孩子在说谎，要及时注意正确引导，在孩子承认事实后，要给他鼓励和表扬。这时，你的真情往往会使孩子终身难忘。当然，父母首先要以身作则，为孩子树立不说谎的榜样。

宝宝淘气是因为好奇

幼教专家石晶称，家长要支持孩子宝贵的好奇心和探索力，让他们在探索中体会到学习的成功和快乐。

宝宝越来越淘气了，常常把玩具扔在地上，听到玩具落地时"啪啪"的声响，他们乐得"咯咯"的；刚买来的汽车玩具、飞机模型，宝宝把它们"大卸八块"。父母常常会觉得这是宝贝的淘气行为，事实上，这是他们对外界事物进行探索的独特方式。

玩具摔响听，家长要鼓励

玩具掉在地上"当啷"一声，宝宝又扔一次，他在验证声音是从哪发出来的。

宝宝在玩玩具时，一不小心把玩具掉在了地上，"当啷"的撞击声让宝宝的眼睛突然一亮。妈妈把玩具捡起来放到宝宝手里，宝宝像故意似的又把玩具扔到了地上，他好奇地盯着地上的玩具，似乎明白了这种声响是他把玩具扔到地上才发出的，宝宝很快对这一发现产生了兴趣，于是，他一遍又一遍地扔玩具，小脑袋里一遍遍地验证着是不是手里的玩具掉在地上发出的响声。

宝宝吃饭时突然发现吃饭的小勺和碗相撞，发出了很悦耳的声音，于是他不停地用小勺敲打着碗，敲啊、听啊，他发现了敲击和声音之间的关系。其实，宝宝这些在家长看来具有破坏性的行为正是他们自主学习的萌芽，他们在"破坏"中体验到了探索的乐趣。

专家观点：家长在肯定和鼓励孩子探索行为的基础上讲清道理，给他提供问题的答案，满足他的好奇心，对于爱拆卸玩具的宝宝，如果条件允许，家长也可以多提供一些廉价、安全的玩具，让孩子尽情地探究和摆弄。

宝宝爱破烂，家长别阻拦

宝宝最近成了"破烂王"，抽屉里收集了一大堆的糖纸、小食品包装袋、药片铂底板……家里丢弃的甚至已经进了垃圾桶的许多废品不知什么时候都被他当宝贝一样收藏起来了，最让家长发愁的是，宝宝每天从幼儿园回来，衣兜、裤兜里装满了一堆乱七八糟的东西，有的家长一气之下扔掉了他心爱的"破烂"，结果弄得宝宝哇哇大哭。

专家观点：家长训斥宝宝，其实是违背了孩子的心理发育规律，也伤害了孩子的感情。宝宝收集、摆弄一些他们看来新奇的东西，是他们学习的过程、成长的过程。在收集过程中，他们会观察比较，这些花花绿绿的糖纸都有什么不同？敲打哪块石头的声音更好听、质地更坚硬？然后根据自己的标准去挑选最喜欢的。这个过程既锻炼了孩子的观察力，同时也获得了知识，加深了对周围世界的认识与了解。

儿童心理指指点点：

被大人所称的"淘气"，从宝宝能够爬的时候就出现了。宝宝爬到之处都显现了他的好奇心：宝宝会把能看到的、能触摸到的东西放入嘴里；会把废纸篓弄翻，把里面的东西扬得到处都是；会把抽屉不停的开开、关上，使父母不得不发出"不行"、"不要这样做"类的斥责。

其实孩子由好奇心而引出的"淘气"，这是最常见的。孩子对不了解的事情感到好奇，是一件好事，实际上这是一种探索、一种学习。这时成人如果只是斥责或打击，他们的求知欲望就会被泯灭，正在萌发的自信心也会被扼杀。成人应该珍惜孩子的这种求知心理，抓住时机，予以引导：一方面，要向孩子介绍新接触到事物的简单知识，满足孩子的好奇心和求知欲；另一方面，要耐心讲道理，帮助孩子"淘气"，并要求孩子不影响成人工作或损坏东西。

这样，就既能满足孩子的好奇心，又能使他获得新知识，形成好行为。

教孩子与陌生人打交道

2005 年 11 月 5 日，沈阳日报报业集团《青年科学》杂志社与沈阳市教育局联合举办了"沈阳市中小学生生存智慧大比拼活动"。活动分为向陌生人推销杂志、向陌生人借手机、给陌生人一个拥抱等三个环节，只有在前两个环节中表现出色、成绩优异的选手才有资格进入最后一个环节的比拼。

在这次生存智慧大比拼的活动中，陵西小学孙鹏飞、应昌小学付沈正获得一等奖；河北一校高天放、雏鹰小学王君逸、沈阳实验学校宋忱昊获得二等奖；白龙江小学刘依琳、河北一校罗腾、五经五校金美辰、127 中学魏笑潼和实验学校（中学部）的刘力萌获得三等奖。

向陌生人推销杂志，沟通能力最重要

有些孩子不知道如何与陌生人打交道，在陌生人面前躲躲闪闪，惊慌失措，甚至紧张得哭了。这是由于孩子整天束缚在家庭、学校的小圈子中，被父母保护太严密，与外界接触较少造成的。家长要有意识地多给孩子提供接触社会、接触陌生人的机会，鼓励他们多和陌生人说话。

考验一：向陌生人推销。

"叔叔，您好，我正在参加生存智慧大比拼的比赛……"和平区五经五校的金美辰一边说一边把自己的参赛证拿给叔叔看。金美辰说："让陌生的叔叔买书，要解决的最大问题是建立信任感。

我把我的证件一亮，他自然就相信我了。"

沈阳市实验中学的宋忱昊卖出了18本书，成为本环节中售书数量最多的选手。刚开始宋忱昊并不顺利，由于身材较高，块头较大，他冷不丁出现在别人面前，还真让人打怵，尤其是女士，这可怎么办？他灵机一动，找来女同学张楚涵帮忙，张楚涵形象亲和，声音甜美，很容易与人接近。张楚涵在前面打招呼，拉近乎，嘴皮子很溜的宋忱昊"游说"的长项得到了充分施展，两人配合相当默契。

南京十校的季成杰刚开始义卖时有些紧张，说话声音很小，一本书都没卖出去，看到哥哥姐姐们都很自信，季成杰重新调整状态，业绩大有提高。她说："和陌生人交谈，一定要自然、放松，表现出对对方的尊重，这样不但可以创造轻松和谐的气氛，又给对方留下一个比较好的印象。"

向陌生人借手机，还是好人多呀

和父母逛街时走失，钱包被偷无法回家，你怎么办？打电话给家人寻求帮助，向谁借电话啊？陌生人！他们会把手机借给一个素不相识的人吗？小选手们面露难色，认为这是很难完成的任务。

平时，家长经常这样教育孩子：不要跟陌生人说话，小心被坏人骗了；不要轻易把自己的信息透露给别人……不要说孩子，我们成人也都自觉地遵守这条守则，一位朋友说，她的警惕性越来越高，有人问路，多问几句，她都担心对方是不是有企图。不与陌生人说话，就有了安全屏障？殊不知，这会让孩子们对社会产生不信任、不友善，时刻充满危机和戒备。正确的做法是，家长们要教会孩子们怎样识别骗子，怎样实现自我保护，同时要教孩子怎样在无助的情况下尽快赢得他人的帮助来摆脱困境。

考验二：向陌生人借手机。

"叔叔，在书店我和妈妈走散了，您能借给我手机用一下吗？"河北一校的罗腾仰着小脸向一位中年男子"求救"，中年男子先是一愣，接着连忙掏出手机给罗腾："你记得住妈妈的手机号码吗？"罗腾拨打了工作人员的电话后，和叔叔说明了真实情况，叔叔笑着说："没丢就好，没丢就好！"

沈阳市实验中学的宋忱昊把地点选在了图书城门前，"您能把手机借我用一下吗？我有急用，谢谢您了！"宋忱昊的真诚让人难以拒绝，大多数人都把手机借给了他，而且好几位借手机者拿的都是几千元的高档手机。记者问一位姓高的先生为什么能把手机借给不认识的宋忱昊，而且还不问他有什么急事，高先生说："他开口借电话，一定是有急事，当然要帮了！"

这种结果让很多孩子都没有预料到，应昌小学的付沈正说："还是好人多啊，真丢了我也不怕了！"

给陌生人一个拥抱，收获一份陌生的关怀

拥抱是美好的，那是一种爱的表达，你试过给陌生人一个拥抱吗？我们大家似乎都习惯了绷着脸生活，习惯了在公共汽车上一言不发，习惯了不和陌生人讲话……人与人之间越来越冷漠，邻居住了几年，竟然总是绷着脸从来没有说过话，甚至每天都见面连头都不点一下。

其实，我们每个人都在渴望爱与关怀，那就大胆地表达出来吧，给陌生人一个拥抱，拉近心与心的距离，收获一份陌生的关怀。拥抱只是一种形式，我们只想通过拥抱表达爱意，传递温暖。

考验三：拥抱陌生人。

"阿姨，我们拥抱一下好吗？"正在选书的吴女士因眼前这个小男孩唐突的举动吃了一惊，应昌小学的付沈正一本正经地解释说："现代社会人与人之间的感情冷漠，拥抱这种方式很直接，传递的是一种关怀和帮助！"吴女士听完了付沈正的话，笑了，张开双臂，与面前这个年龄与她儿子差不多的孩子拥抱。

陵西小学的孙鹏飞怯生生地走向一位正在看书的阿姨。"您好……"孙鹏飞的第一声招呼细若蚊鸣，专心看书的阿姨完全没有反应，孙鹏飞尴尬地向记者笑笑，鼓足勇气再次说："您好！阿姨，我觉得您特别亲切，我们能拥抱一下吗？"女士欣然接受了，和孙鹏飞来了个

大大的拥抱。这位女士告诉记者，她看到孙鹏飞的脸红红的，知道他能说出这句话也很不容易，她怎能拒绝呢？这位女士说这样的活动挺好，如果有可能的话，她也想让女儿来参加。

儿童心理指指点点：

生活中，家长常抱怨孩子胆小，比如不敢跟陌生人打交道；怕黑，不敢独自睡觉。其实，孩子胆小大多与家长的教育方式有关。只要家长多了解孩子的心理特点，采用科学的教育方法，孩子胆小的问题就会迎刃而解。比如有些家长本身就比较内向、不善与人交往，带孩子去外面的机会也少，孩子大多数时间都待在家里自己玩，一旦碰到生人，自然也就不知如何应对了。

面对孩子的胆小，家长要理解这是正常现象，带孩子出去玩时，多介绍他人给孩子认识。孩子表现出羞怯，家长也不要过度责怪，认为孩子没有礼貌。平时可以给孩子讲一些勇敢孩子的故事，增强孩子对勇敢的认识，激励孩子和小朋友的交往，当孩子感觉到他人的友好时，孩子会慢慢接受别人的亲近。

另外，家长要善于发现孩子的闪光点，即使再胆小的孩子，偶尔也会有大胆的行动，虽然在别人看来只是微不足道，但是做父母的要努力抓住这些"亮点"，就应该及时进行表扬和鼓励。

"通道"不畅
导致学习困难

经常听到有些家长抱怨孩子"很聪明，就是学习不上心"。北京师范大学心理学院教授、博士生导师刘翔平讲座时说，这些孩子并不是智商低，也并非学习态度有问题，只是他们的学习能力发展不平衡。

一位母亲很困惑，说儿子军军上小学二年级了，每次生字测试都不及格，像"人"、"大"这样的独体字还能记个差不离，碰到"红"、"件"、"泪"等稍微复杂一点儿的就记不住了，不是忘了左边就是忘了右边，军军自己也很苦恼，他说："我就是记不住那些方块字都长成什么样儿！"

军军是个聪明的孩子，反应很快，数学学得可好了，可就是记不住汉字，军军的母亲说，孩子在记忆时间方面好像也有些困难，经常不知道今天是星期几，连自己的生日也记不住。

智力不完全等于能力

刘翔平教授分析说，儿童的学习主要通过两条通道：一条是"视——动"通道，另一条是"听——说"通道，而军军记忆生字和在阅读上有困难，属于"视——动"通道不畅通。其实人的大脑是有差异的，有的孩子视觉空间能力超常，他擅长用视觉来学习，如果学习以语音的方式呈现，立即就变得十分困难；有的孩子是听觉型，对语音很敏感，他们听课时注意力集中，而且能坚持很长时间，但是对于视觉材料就不行了，如果让一个视觉型的人去通过听觉来学习，就会导致学习困难。

人的智力与学习能力有很大的不同，并非到达了一定的年龄，就一定具备这个年龄的学习能力，以前我们总用智商来衡量一个孩子能否正常学习，却不去探究他们在能力上的落后，一看到孩子学习成绩不好，就认为是他贪玩、懒惰，还有的家长认为是自己教育孩子不当才导致这样的结果。其实，每个孩子都有自己的特殊性，当学习任务恰恰对应了孩子的短处时，学习困难就发生了。

发展能力当扬长避短

军军的识字困难其实是"视——动"通道不畅所致。"视——动"统合能力是一种在处理视觉材料时才用到的能力，不像语言、动作那么具有外显性，所以不容易被发现这就是学习能力落后的原因。但是，人在获取信息时，70% 以上要靠"视——动"通道来实现，特别是在小学阶段，无非是完成阅读、认字、计算、朗读、抄写、做应用题等学习任务，哪一样也离不开视、知觉能力的发展，再加上大多数的作业全部依靠视觉来完成，考试时也是视觉化的书面方式，即使视觉、知觉不是体现智慧的最终方式，也是最基本的途径。

对于军军，刘教授综合利用触觉和听觉来帮助他记字，让军军用手指直接在桌子上写字，练习用手触摸文字，用手指蘸涂料写字，在空中用手比划着字形，并且在黑板上写字，利用他的触觉优势进行练习。此外，还让他大声地说出字的结构和意义，利用他的声音长处来学习，也就是说绕过了视觉记忆这个困难。这样经过一段时间训练，军军记字量有了很大提高，并且能主动阅读课外书了。

儿童心理指指点点：

学习贯穿孩子的一生，人的智商很好，并不见得成绩就很好，所以尽量提高孩子的学习能力和培养孩子的良好学习习惯尤为重要。在幼儿时期注重智力开发，而在小学时期可以培养孩子学习习惯，在中学时期主要是掌握好学习方法，这些都是家长要必须知道的。

有些家长望子成龙心切，常采用加班加点、拼命灌输、打骂惩罚等手段，结果往往适得其反。究其原因，关键是不了解儿童学习心理的特点。

建议父母能够照顾孩子在学习方式方面的差异，发现他们的长处，让他们有机会按照自己擅长的方式获取知识和技能，那么孩子就不至于在学习上遭遇痛苦的失败经历。传统的智力测验和学校教育往往只重视逻辑——数学智慧和语言智慧，也就是说希望孩子在数学、语文等方面占据优势。考试的内容也大多侧重对这两种智慧的发掘和考察。

就像这个世界上没有完全相同的两个人一样，每个人的学习方式也是不同的，父母们应允许孩子有不同的学习方式，同时给孩子适当的帮助，使孩子愉快地学习。

100个孩子有100种教法

　　家庭教育有可遵循的规律，但却没有统一的模式。于是，在记者的追寻和采访中，便发现了"各家有各家的高招"这一令人惊奇而欣喜的现象。这些可敬可爱的爸爸妈妈们谈起自己的家教经验，最常说的一句话是"没有把握，不知道自己这么做有没有理论根据。"他们小心翼翼地和记者述说着、交流着、探讨着，那种既想与人分享自己的教育成果，又生怕"误人子弟"的心情，让记者既感动又钦佩。

　　让人欣慰的是，这些"口述实录"的家教经历，是原生态的，是真实可靠的，是经过实践检验而行之有效的。家庭教育是一个关乎家庭幸福、社会和谐的大课题，是一篇刚刚起头的大文章，多么需要"百花齐放，百家争鸣"啊！

敢冒风险的教育方式

父亲黄万里：在沈阳第一监狱市场部工作。
女儿黄巍：1997 年考入清华大学精密仪器
专业，2001 年被保送该校该专业的硕士研究生。

巍爸说，女儿黄巍的一个大学同学刚上大一就迷恋上了网络，没日没夜地玩游戏，第一学期三门功课不及格，第二学期六门功课不及格……大学三年级该生就被学校劝退。"考上清华多不容易呀，被劝退太可惜了！"巍爸分析说，这位同学之所以如此"疯狂"，是因为被父母"专制"了 12 年，被压抑得太久了，一旦脱离控制，就不顾一切了。试想，如果是你，12 年来，只让你做一件事情，你能受得了吗？何况一个孩子。

享受"特殊待遇"：3年不写家庭作业

巍爸前几天去看恩师，恩师和师母都是高级知识分子。老两口这些日子可愁了，说上小学的孙子学习成绩怎么也上不来，他们现在全家上阵，恩师给孙子补习数学，师母负责补习英语。巍爸问恩师，孩子能受得了吗？恩师不以为然地说："没办法啊，人家孩子都补，你不补就被落下了！"

这可能是很多家长的想法，人家孩子补数学，咱也得补；人家孩子晚上 10 点前不睡觉，咱也不能睡。巍爸说，教育孩子不能统一模式，必要时还得"特立独行"才行——不走家教寻常路。黄巍上小学三年级的时候，总是不完成老师留的家庭作业，三天两头挨批评，尤其是寒暑假作业，她更是要拖到开学前几天才写上几页。

巍爸观察后发现，女儿不是不爱写作业，而是老师留的抄写课文、做课后习题之类的作业，她都已经掌握了，再写也只是做简单重复的"无用功"。而且女儿并没有偷懒，放学回家后就躲在房间里看她感兴趣的书。巍爸了解到这些情况后，大胆地向老师提出一个看上去有些过分的要求——批准黄巍同学不写家庭作业。

让巍爸没有想到的是，老师同意了他这个看似无理的要求，但是老师要求黄巍完成其他等量的作业内容。就这样，女儿从小学三年级到毕业前，一直享受着这种"特殊待遇"。这3年的课外时间和寒暑假，黄巍看了很多书，内容涉及历史、文学、地理等。这对孩子的专注力、阅读能力和理解分析等方面都有了很大帮助。迄今为止，还没听说哪个家长请求老师不让孩子做家庭作业的，这是一种很有风险的教育方式，如此"惯"孩子，是不是有些离谱？一般家长大概都不愿去冒这个风险。而恰恰是敢冒这个风险，才让孩子从繁重的课业负担中解放出来。

挖掘智力潜能：去商场听音乐

巍爸说，女儿没有上过幼儿园，也从来没补过课。他说，孩子上学之前就是玩儿，识字、学数数、说英语，那都是上学以后的事儿，有些家长让孩子补这补那的，知识学得空泛，都学"夹生"了，还不如不学。

虽不提倡学龄前儿童提前接受小学教育，但巍爸却大力提倡早期智力开发，"智力开发不是补课，有的孩子3岁时开始识字，5岁时能够背出《唐诗三百首》，但是这样的孩子长大后未必能有所作为。大脑不是一个要被填满的容器，而是一个需被点燃的火把。"巍爸说，家长就要做"火把"，照亮孩子前行的道路，挖掘孩子的智力潜能。

巍爸的开发方法很简单，那就是带着女儿去观察世界，去体验生活。女儿小的时候，家里没有钱去旅游，但只要单位组织旅游，巍爸一定会带上她。在大山中，父女俩能就一棵长在悬崖峭壁上的松树讨论一两个小时，从松树的根、茎、叶，联想到它的意志品质；从松树的千姿百态，谈论到有关松树的诗词歌赋。黄巍小时候对音乐也表现出极其浓厚的兴趣，一听到电视、广播里播放的曲子就跟着打拍子。巍爸说，家长就是要及时发现孩子的兴趣，然后引导和发展他们的潜能。那个时候家里没有电视，也买不起音响，巍爸想到一个办法，每天带着女儿去商场里卖音响的地方听音乐，一待就是小半天。"女儿后来学钢琴，识谱特快，音儿也找得特准，这和我抱着她去商场听音乐多少有点关系吧！"

母亲争取机会：造就"数学女一号"

黄巍在高中阶段曾获得全国奥林匹克数学竞赛的一等奖。然而，如果不是参加育才的"小升初"考试，如果她母亲没有为她争取到参加下一轮考试的机会，也许她的这种天分就被忽略了。

小学毕业，黄巍参加了"育才奥数班"的选拔考试，这在她的父母看来，被录取几乎是没有可能的，一来女儿没上过奥数补习班，二来全市只收40名学生，难度太大了。让人没想到的是，黄巍"过关斩将"，顺利通过了前七轮考试，第八轮考试，黄巍落榜了。这种考试，学校一般只通知名次，并不告诉考生具体成绩，黄妈妈找到学校，想看看孩子的成绩。选拔考试分为两张卷，一张是小学奥林匹克竞赛试卷，成绩要在5.9分以上，还有一张是华罗庚数学竞赛试卷，答对6道题目即可，后者只作为参考，不计入总成绩。黄巍第一张试卷考了5.6分，第二张答对了8道题。黄妈妈找到当时的负责老师，说孩子从来没上过补习班，他们也没想到她在这方面有这么大的潜力，恳求老师能让黄巍参加下一轮考试，看看她到底怎么样。

回到家，黄妈妈告诉女儿："妈妈为你争取来了这次机会，不是非得让你进入好学校，而是想看看你在这方面的潜能到底有多大！"黄巍在接下来的考试中，虽然成绩没有排在前面，但是却引起了校方的注意，从她解题的思路和方法上看出了她潜在的素质。最终，黄巍进入了"育才奥数班"。

巍爸说，上了奥数班后，女儿在数学科目上的天分表现得愈加充分，在学校被称为"数学女一号"，"这说明我们当时的做法没有错。我们家长要做的是：发现孩子的潜能，然后为其创造环境！"

儿童心理指指点点：

每个孩子都有自己的发展潜力，每个孩子在成功面前都是平等的，每个孩子都有成功的可能。

孩子们的心理潜能包括智慧的潜能、情感的潜能、意志的潜能和个性的潜能。每个孩子都有异常丰富的心理潜能，即便是残疾儿童也是如此。

儿童潜能的发展影响孩子今天的成长，也影响孩子明天的发展，更是影响着孩子生命的质量。所以，发展幼儿的心理潜能不仅是对孩子的成长至关重要，也是提高孩子整体素质的必然要求。

作为父母，我们应当看到，现在的教育基本上是一种以语言和数学教学为重点的教育，只注重了一个人的某一部分智力的发展，而忽视了诸如口头表达、运用、创新、人际交往等智力的发展，所以家长应保持清醒的头脑，多方面地提高孩子的自信心，以便可以全面地激发和发展孩子的潜力。

"不识数"的女儿
爱上了数学

女儿：高天舒，沈阳市望湖路小学三年五班；母亲：王凤敏，全职妈妈，毕业于南京理工大学机械专业；父亲：高艳军，东北大学教师，毕业于北京大学法学院

采访结束时，天舒妈有些犹豫，她说，天舒没取得过什么大成绩，她自己也没有太成型的教育理论和教育方法，要说有点什么心得的话，就是"不识数"的女儿在她的帮助下喜欢上数学了。

女儿滥竽充数，小朋友哄堂大笑

天舒妈是理科高才生，天舒爸虽是学文的，据说当年也是清华苗子。夫妻俩都酷爱理科，但并不想把自己的兴趣强加给孩子。上幼儿园大班前，天舒虽然几乎没接触过"数"。但天舒妈怎么也没想到，女儿出生以来遇到的第一个坎儿竟是数学。

刚上幼儿园大班，老师就三番五次地提醒天舒妈："你女儿数学跟不上，家长得帮助辅导！"当时幼儿园大班已经在教小学的数学课程了，内容是"20"以内加减法。天舒妈对老师的话没有太在意，她认为等到孩子该学它的时候自然就会了。可是，幼儿园老师强烈表示：天舒数学学得很吃力，要求家长及时采取措施。

幼儿园老师这样和天舒妈说：班上孩子的数学都很好，课堂提问时都积极抢答，比如提问6加8等于几？有的孩子等不到被

叫就迫不及待地喊出"14",天舒也跟着喊"14",开始老师并没发现她滥竽充数,直到有一次,她身边的几个小朋友联合起来故意喊"12",天舒也跟着喊"12",小朋友们哄堂大笑,老师这才知道天舒根本不会算数。

天舒妈说,不会算数好解决,关键问题是女儿在备受打击后变得愈加沉默了。我想提高孩子的积极性和树立孩子的信心比会算数更重要。

掰手指头算数,妈妈夸她了不起

回到家,天舒妈出了一道数学题测试一下女儿到底怎样:"早上妈妈给你3个苹果,晚上爸爸给你4个苹果,你一共有几个苹果?"一听是数学题,天舒立刻变得很紧张,连眼神都警惕起来。她和妈妈商量:"你转过身去,把眼睛蒙上,不看我,我就回答。"天舒妈听话地转过身,趁女儿不注意,偷偷瞄上几眼:她把小手藏到餐桌下面,费力地掰着手指头算,好不容易数到"3",突然想看看妈妈偷看没,一分神数到几就全忘了,还得重头来……过了好几分钟,天舒妈终于被告知可以转过身了,天舒怯生生地说出答案是"7"。天舒妈说:"答对了,你很棒!"

妈妈的肯定让天舒很惊讶,她在想,我回答得那么慢,妈妈都没批评我。天舒妈跟女儿说,妈妈很想知道你是怎么算出来的。天舒不吱声了,半天才把小手伸出来,像犯错误了似的说自己是掰手指头算的。

天舒妈说:"女儿,你很聪明,你自己就学会了'实物代替计算法',这是你自己摸索出来的。"接着,天舒妈给女儿详细讲解了什么是实物计算法,什么是抽象计算法。天舒听了,兴奋得小脸红彤彤的。

数学大有长进,和小朋友"PK"

天舒妈的充分认可,让女儿对数学不那么恐惧了,对"3"和"4"也不排斥了,可也谈不上喜欢。幼儿园毕业前,天舒因患病住进了医院。

做手术前也不老实，上蹿下跳的，天舒妈买来扑克牌，和女儿玩"找朋友"：先抽一张，然后找到它的朋友，凑成"13"。开始天舒反应有点慢，眼睛直盯着手指头。天舒妈又教女儿一招：先凑"10"，再补到"13"不就简单多了吗？比如抽到一张"8"，加"2"得"10"，再加"3"，就是"13"了。

用扑克牌比啥法儿都奏效，天舒彻底爱上了数学，爱上了数字。没过几天，就把"13点"玩得老溜了。天舒兴奋得不得了，急着要去幼儿园："我要和幼儿园数学最'牛'的小朋友PK！"天舒出院后，天舒妈把数学游戏都叫停了。天舒妈的理念是：不提前过度开发孩子的潜能，只要不落后就行了。

上小学后，天舒遇到有难度的题目就来请教妈妈，比如"鸡兔同笼"。天舒妈说，有些奥数题确实有难度，她都得通过列方程组才能解出来，再反推回去。过后，天舒妈对女儿说，这种类型的题目你懂了就懂了，不懂也没关系，等你学到更多数学知识的时候自然而然地就会了。天舒妈还告诉女儿，如果考试中出现这样的题目，被扣分也不要管它。

儿童心理指指点点：

无须质疑的是，父母都爱自己孩子，但是很多的家长却给孩子更多的是说教、指责。这样的家长永远得不到孩子的爱。要想孩子也爱我们，就要无条件地去爱孩子。

孩子有一种需要承认、需要激励、需要鼓励的心理，他们喜欢成功，喜欢得到父母的认同和赞扬。因此，父母就要经常鼓励孩子，孩子通过不断地被鼓励和赞扬，自身的行为才能得到肯定，因肯定而产生心理升华。

激励是一个不断进行的过程，而鼓励孩子的过程最主要目的就是让孩子得到一种自我的满足，即自尊感和成功感。教育心理学有一个重要的概念，即"成就需要"，它是促进儿童充分发展潜能的重要动力之一。如果儿童没有这种需要，他们的潜能就难以被充分发展，他们本人也就难以成为具有健康人格的人。

我们家长要培养孩子敢于犯错、敢于失败的品质，同时还要求不降低孩子的自尊心和自信心。孩子在试着做事情时，难免要犯错误，这时做家长的要有意识地避免用任何言语或行为向孩子表明他是个失败者，让孩子有勇气去犯错误，去纠正和改正错误。对家长来讲，我们自己不能泄气或失去信心，不要讽刺孩子，也不要过分赞扬他们，而要用鼓励法教育成长起来的孩子，应该学会接受失败和错误，并使其成为为人处事的一部分。

"小小科学家"
是这样"炼"成的

背景：由国家教育部、中国科协、周凯旋基金会联合主办的第七届"明天小小科学家"比赛中，东北育才学子刘潇凭借他的研究课题——《魔方原理在流密码中的应用》一路过关斩将，在全国 60 名入围终评的选手中脱颖而出，荣获一等奖，并获"明天小小科学家"称号。

自从刘潇获奖的消息见报后，不断有家长打电话问，刘潇的发明创造是自己独立完成的吗？有没有老师的辅助？在高中那么紧张的学习环境下他是怎样抽出时间搞发明的？父母到底是怎么培养他的创造性能力的？

第一个"学术研究"是推演体积定理

记者来到东北育才学校，学校老师说刘潇在实验室工作呢，他正在准备参加一个国际比赛。实验室看门的大爷问记者找谁，"我找机器人实验室的……"还没等记者说完，看过记者名片的大爷就猛点头："是找获奖的那孩子吧！"

刘潇的父母都是普通的工程技术人员，他们承认儿子理科突出有遗传的因素。刘爸爸说，孩子从小就爱问问题，两三岁那会儿，爸爸带他坐公交车，刘潇看到树和建筑物都往后跑，就大声问爸爸是怎么回事。刘爸爸告诉儿子："这是相对运动的原理，是一个很奇妙的现象，生活中有好多'奇妙'都得靠你自己去探索。"

听完爸爸的解释之后，当时车里的人都猛地鼓掌，小小的刘潇也仰着小脑袋，觉得爸爸特伟大，从那以后，"探索"这个词儿在刘潇心中打下了烙印。

如果说是爸爸让刘潇知道了什么是"探索"，那朝阳一校的数学老师则让刘潇学会了怎样去探索。刘妈妈讲起了这样一件事，小学课本有一条体积定理：三棱锥体积是圆柱体体积的1/3。老师让学生们试着推演，并写成论文。"那是刘潇的第一个所谓的学术研究。"别的孩子证明不出来就罢手了，因为证明定理可不是一件简单的事。刘潇把自己关在屋里算啊画啊，花了一周末的时间，他的研究成功了，还写了一篇好几页的算法说明。数学老师把刘潇的"研究"送到了一个什么数学组织，后来石沉大海，不了了之了。对于第一个"研究"，刘潇这样评价："当时觉得特别骄傲，那是我第一个不从众想法的实现。"

刘潇的父母一再说，他们没给过孩子什么特别的教育和特别的要求。孩子的成长都是顺其自然的。孩子小时候什么都爱学，坚持学什么最终也都是让他自己选择，父母从来不违背他的意愿。

一道题能讲出四种以上的解法

"我是一个从众的人，没有特别的人生经历，只是常常有不从众的想法，大的不从众想法的产生是从高一参加学校机器人实验室开始的。"东北育才学校开设了机器人、软件、生命科学、材料科学4个教育研究实验室，一般会挑选品学兼优的学生参加，形式上类似于课外兴趣小组，一直是尖子生的刘潇很自然地受到了"实验室"的青睐。在参加实验室之前，刘潇的主攻方向是物理，但他在这方面的兴趣似乎总提不上来，觉得那些大理论距实际应用太远。

他的同学说起刘潇都特别钦佩："有难题一定要问刘潇，一道题他至少能给你讲出四种以上的解法。"刘潇说，如果有时间，每道题他都愿意多想想，多试试，只有各种方法都试过了，你才知道哪种方法是最简便的，哪种方法是最巧妙的，好在哪儿，不好在哪儿。同一种题型，当条件改变了，最简单的方法有可能行不通，而最复杂的方法没准就不复杂了。"人家都说以不变应万变，我是以万变应万变。"

无论如何也不干那么笨的事儿

喜欢"以变应变"的刘潇，生活中是啥样的？据室友介绍，"总爱琢磨事儿，总给我们出主意。"有一次，几个男生从教学楼前的甬路往教室运桶装饮用水，大家站在那里讨论哪条路最近，刘潇提供了一条看起来很绕的路线，这条不按常规行走的路线遭到大家质疑。于是，有人提出来比一比，刘潇走他自己提出的路线，另外一名同学走原来的老路，看谁先到。结果，刘潇胜利了。"不排除有跑的成分在里面！"刘潇狡猾地一笑。

"你怎么计算出那条路线近？"刘潇说他全凭眼力加思考，"有些看似复杂的东西实际上很简单，不要被表面现象吓倒，就像那条路一样。"

还有一次，班级开班会要用幻灯片，制作幻灯片的同学要把寝室的电脑抱到班级去，理由是教室电脑不好用，在寝室电脑上做好的幻灯片文件一放上去就提示路径错误。刘潇制止了那位同学的"傻行为"，并出主意：只要创建一个相同的环境就好了，原来使用的电脑是D盘，也要同样拷贝在教室电脑的D盘上。"那如果教室电脑没有D盘怎么办呢？"记者问。刘潇眼睛一转，又来了套方案，"不管咋地，想辙呗，反正不能搬电脑，无论如何也不干那么笨的事儿。"

难的不是设计本身，是还没人这么想过

刘潇的获奖课题是：用魔方旋转原理对网络数据进行加密。这课题听着有些糊涂。刘潇以汽车防盗器的实际应用为例解释说："现在的汽车防盗器，当你按下'锁车'键时，设备自动生成一个二进制代码，比如0101，由于代码是固定不变的，只要不厌其烦地'对码'，就有破译的可能。如果在设计中加入魔方原理，这个代码便像不断扭动的魔方一样，不停地变换数据流，这就大大增加了安全性。"

刘潇说，这是一个配对过程：密码学＋魔方。今年五月份，刘潇开始看有关密码学的书，他说目前的加密手法主要依靠复杂的数学与逻辑运算，加密强度大但开发难度高：如何能在增加密码强度的同时简化开发难度呢？刘潇偶然看到有人在玩魔方，他眼前一亮，变化的魔方就是天生的加密武器。他查资料得知，目前还没有人做过这样的研究。五月份定下题目，十月份就完成了设计，时间不长，过程似乎不太复杂。"难的不是设计本身，就是想法新，还没有人这么想过，21世纪最需要什么？非创新莫属！"刘潇如是说。

儿童心理指指点点：

跟成年人相比，孩子的好奇心和好胜心尤其强，孩子们没有过多的思想束缚，敢想、敢做。由此而论，幼儿的好奇、冒险、自信实际就是幼儿的创造性表现，若得到充分延续和发展，势必激发其产生创新理念、创意思维、自主意识、变革态度等，即所谓的创新意识。

对孩子实施"创新教育"是具有重要性、必要性和可行性的。否则，这种可贵的精神将会被扼杀在摇篮之中，幼儿只能在模仿、顺从中长大，失去创造的机会、条件和信心，而且很可能最终成为平庸的、缺乏独立见解的人。

幼儿期是培养创造意识和创造能力的良好时机。我们家长应在理性思考的前提下，抓住这一时机，采取正确的教育手段，实施有效的发展策略，从而开发幼儿的创造素质，培养幼儿的创造意识。

一位哲学家曾说，对于不懂的问题，疑问是一种明智；对于未知的事物，探求是一种才智；对于前人的定论，挑战是一种大智；而对于未来的世界，创新是一种睿智。儿时的好奇、冒险、自信萌动着可贵的创新意识和创新精神，若得到充分地发掘和培养，就会化作强烈的求知欲、进取精神和创造潜能。

怪招！
让内向女儿学魔术

李佳宁，2001 年以 616 分的成绩考入吉林大学，同年考入新加坡南洋理工大学电子与电器工程专业，并获得全额奖学金；本科毕业时获得南洋理工大学"一等荣誉学士学位"。
父亲李存国：铁路基层站段党务工作者
母亲毛春燕：某商厦儿童用品商场副总经理

宁爸宁妈一直没觉得他们的教育有多成功，孩子的能力凸显出来还是在新加坡的入学考试中，其中的能力测试，要求考生在 20 分钟内回答出 60 道题，内容涉及生活常识、脑筋急转弯、图形辨析等内容，佳宁答对了 59 道，这样的成绩让新加坡校方都为之惊叹。

宁妈自学到本科，这对女儿影响很大

宁爸说："我们夫妻俩没有高的学历，也不知道我说的这些算不算是经验。其实，我们从未给孩子设计过什么，就是这么一路摸索着走过来的，现在回头看看，总结了一些方法，希望能给家长们一些启发。"

宁爸说，良好的家庭环境让女儿养成了乐观向上的生活态度。"从女儿出生开始，无论遇到什么困难，我和她妈妈就从未在她面前抱怨过，我们总是乐观面对，尽全力做到最好，这可能是我们对女儿最大的影响。"

宁爸说，我们夫妻俩没有什么文化，都是后来考的文凭。1986年，宁妈一心想考入沈阳市人才公司，因为只有"入库"后才有可能成为国家干部。宁妈文化基础差，学习起来可不那么容易，为了能顺利通过考试，宁妈起早贪黑地学，她把课本、复习题一页页地撕下来，贴在房间和厨房的墙上，做饭、干家务时都要瞄上一眼。就这样，宁妈从高中起步一路学到本科毕业，工作也越干越好，家里的生活也由此发生改变。宁爸说，父母的成功是对孩子最好的教育。

前几天，记者和宁爸联系采访时，他仔细询问了采访内容及所需材料。采访当日，宁爸提着一个旅行手提包，记者还以为他要出差呢，打开包看到都是宁爸准备的资料，资料分装在4个档案袋中，分别是宁宁的出国材料、宁宁的证书、宁爸宁妈的工作简历及相关材料，还有宁爸给女儿的剪报。记者被宁爸认真、严谨的态度感染，不难想象，和他朝夕相处的女儿肯定会受益匪浅。

女儿学得吃力，但决不告诉她"真相"

宁爸认为，孩子有特长爱运动，才能接触到更广阔的世界，才能获得更多的快乐。学画画儿、学电子琴、学游泳，虽然对孩子发展有好处，但宁爸从来不逼孩子，只要孩子有兴趣就去学，没兴趣不想学了，那就不学。

宁宁对游泳很感兴趣，于是宁爸就每周带着女儿去学游泳。宁宁的运动协调能力差，学起来很困难。"她学得很慢，甚至有些吃力，但是决不告诉她'真相'，防止孩子产生恐惧、自卑的心理。"宁爸教育孩子的方法很特别，他既不鼓励也不表扬，他什么都不说，除了必要的讲解外。

宁爸虽然不动辄批评，但也不随意表扬。他认为，动不动就表扬，孩子容易失去创造性，更容易在挑战面前败下阵来。表扬多了，他们的努力往往更多的是为了表扬而不是为了满足学习的需要。相反，受称赞较少的孩子则能独立地学习，面临挑战时也能顽强应战。

宁爸认为，教育孩子最怕喋喋不休，最好的方法是少说多做。为了让女儿能更快学会游泳，他把蛙泳、仰泳等各种泳姿的游法编成了顺口溜，给孩子以非常具体的帮助。运动天赋较差的宁宁不仅学会了游泳，还成了游泳高手。现在的宁宁从内到外地焕发出一种朝气和自信，宁爸说，是运动让孩子学会了热爱、执著和坚持。

好孩子是夸出来的

孩子是需要赞赏的，"好孩子是夸出来的"，这话有一定道理。但什么时候夸孩子，什么情况下给予赞赏和鼓励却大有讲究。

小学四年级寒假，宁爸在南湖公园的湖面上教女儿滑冰。宁宁胆子小，一站到冰面上就双手紧紧抓着栏杆，就是不肯挪一步。宁爸伸出手说："试一试吧，爸爸拉着你，保证不会让你摔跤的。"宁宁有些迟疑，不过最后她还是把一只手伸了过去。宁爸拉着她，慢慢开始在冰上走。那时气温零下二十多摄氏度，站在冰面上没多久就冻透了。他和女儿穿得像两只熊一样，在冰面上艰难前行。

宁爸看出女儿有些不想学了，但他没有说"宁宁你要继续坚持"这样的话，这个时候非要孩子继续坚持，就有些不近人情了。然而，女儿没有退却，她知道爸爸有关节炎，天越冷腿越疼，蹲下去的时候膝关节都"咯咯"直响，但还在坚持"陪练"。宁爸说，女儿看到老爸腿这样了还在坚持，她还能打退堂鼓吗？

宁宁的脚踝力量差，滑冰时腿脚都用不上劲儿，怎么都学不会。宁爸对女儿说，不会滑咱就走。一个寒假过去了，宁宁还没学会滑冰，但是从父亲身上，她学会了坚持。"宁宁并非我想象的那么胆小，只是在尝试去做一件她不确切知道到底能不能做好的事情时有些犹豫，那么，在这个时候，家长就得给予孩子更多的鼓励和支持。"

学魔术让女儿像变了个人

宁宁性格内向，不爱说话。宁爸寻思着，怎么才能让孩子变得"闯荡"一些呢？当时宁妈工作的儿童商场新进了一批儿童魔术玩具，负责玩具销售的女孩和宁宁年龄相仿，为配合销售，女孩把每一种魔术玩具都学会了，她有很好的表演天赋和语言表达能力，哪怕一个简单的小魔术表演也能让孩子们叹为观止。宁妈和宁爸商量，决定让宁宁和女孩学学。没想到，宁宁一下子就喜欢上了表演魔术，而且一发而不可收。在向女孩学习玩魔术，在给小朋友们表演魔术、讲解变法的过程中，宁宁开始能放得开了，和陌生人说话也不拘束了，简直像变了一个人一样。

宁爸说，女儿学表演魔术，不仅沟通和语言表达能力上有了进步，她还获得了很多没有意料到的东西，比如想象力、创造力等。魔术的魅力就在于异想天开，因为魔术就是把不可能的事情在眼前显现出来，这就需要表演魔术的人不停地想象，相信自己能够创造出奇迹，这样才能给大家带来意想不到的神奇。

宁宁喜欢上魔术后，经常给大家表演，要想演得好，演得没有破绽，就要练习，一遍、两遍、十遍、几十遍地练，宁爸说，孩子那种沉稳的性格就是这么一点点锻炼出来的。

儿童心理指指点点：

一般来讲，虚荣心和自尊心人人都有，儿童当然也不例外。作为家长要利用这种心理，用表扬来结束批评，这样有利于孩子认识错误，树立自信心。反之，如果父母在幼儿犯错误时采取先表扬后批评的办法，效果会怎样呢？试想，如果你做错了一件事，有人先表扬你，你一定会认为他居心不良，倒霉的事可能还在后面呢。而如果用表扬来结束批评，会使批评和表扬都能发挥作用。

作为家长以及教师应多留意那些平时不起眼、讲话少、性格内向的儿童，多给他们表现和参与的机会，使他们身心能健康发展，并帮助他们树立信心。

表扬不应该只停留于成绩的进步上，而应进一步引申，以帮助学生分析他们为什么会获得进步。当孩子明白了进步的真正原因，表扬的目的就实现了，因为表扬不只是对已有成绩的肯定，还是对孩子进一步发展的期望和鼓励。

关键时刻
让女儿给全家上课

陶岚：高二时留学澳大利亚，本科毕业于澳大利亚国立大学保险统计精算专业。澳大利亚国立大学（ANU）是澳洲唯一享有"国立"资格并多次荣获诺贝尔奖的著名学府。

母亲李虹桥：毕业于辽宁师范大学物理系，后攻读东北大学 MBA，心理学副教授。

不少高中生出国留学都以"学无所成"而告终，而陶岚却很成功，本科和硕士研究生就读的大学都是澳大利亚的顶尖学校，她做兼职赚的钱不但能够支付学费和生活开销，而且还能让自己的生活很富足。就是这样一个如此优秀的女孩中考前曾经有过一段不同寻常的经历。

全家共识：必须重树孩子信心

岚岚出生在一个高知识分子家庭，父母的第一学历都是大学本科毕业，和他们生活在一起的爷爷奶奶也都是大学教授，因此，对岚岚的期望都很高，总是希望她优中再优，这对孩子产生了无形的压力。岚岚被"压"得有点儿喘不过气来，学习成绩直线下滑，而这时已经到了初三的关键期——还有 3 个月就要中考了。

陶妈当时看出了岚岚状态很差，但是她怎么也没有想到孩子的身心此时已经饱受折磨，有一天早晨岚岚突然问妈妈："妈，我感觉我的身体可能要出问题，总是不舒服，如果在我的身体和学习中只能选一样，你选什么？"陶妈心里一惊，她想都没想，十分肯定地告诉孩子："妈妈当然要你健健康康的，这是一定的！"听妈妈说完这话，岚岚的眼圈红了，紧紧搂住了妈妈。

其实，岚岚的身体没有问题，是重压使得这种精神的"痛"转化为身体的不适，陶妈这才意识到问题的严重性，当即召开家庭会议，和陶爸、爷爷、奶奶达成共识：不再去强求孩子的成绩和排名，考不考得上省重点也不重要了，怎样激发岚岚的学习兴趣，帮她重树信心，这才是当务之急。

行之有效：让孩子变被动为主动

陶妈激发女儿学习兴趣、重树信心的办法十分大胆而独特——让孩子当起了老师，请岚岚给爸爸、妈妈、爷爷、奶奶"上课"。陶妈说，一般孩子学习成绩上不去，就得找老师补课，这是一种被动学习，孩子主观上有抵触情绪，学习效果很难保证；如果反过来让孩子当老师，给大人上课，这样，孩子就成了学习过程中的主角，也许效果就会大不一样。

陶妈认为这个方法有可行性，因为你要给别人讲课，就得自己先弄明白，就得需要备课，需要比平时更认真地学习，而讲课是对知识的再次梳理，让你从整体到局部，再从局部到整体地把握知识；再者，陶妈考虑到家庭中每位成员都在某个学科上有所专长，当学生也要有基础，起码要能听懂老师讲什么，和老师有基本的交流。

陶妈把这个想法和岚岚说了："妈妈知道，复习是一件很枯燥的事情，我们用一种全新的复习方法来进行复习，你看怎么样？"没想到，岚岚对当老师很感兴趣，欣然"上岗"。陶妈告诉岚岚，讲课要严格遵循教学大纲，这就需要"老师"把课本吃透，既要概括出每一章节的重点、难点，还要指出它与前后知识点的关联；指导"学生"做题时，你要根据以前做题的经验，归纳出哪些地方容易出错，出错的原因是什么，等等。

"学生们"要看的是：她能不能讲明白

对这种新的尝试，爷爷奶奶有些疑虑，一时半会儿还转不过弯儿来。开课前，陶妈叮嘱每一位家庭成员："你们什么都不要管，不要问，你们要做的就是，看孩子能不能给你们讲明白！"陶妈说，讲课前孩子要备课，听课的家长也要备课，备了课才能在大纲范围内有针对性地提出问题。开始岚岚对"学生"提出的问题不能完全回答出来，因为她在备课时忽略了某些知识点，这时的"学生"就可以反过来当老师了，帮助她巩固记忆。

岚岚很喜欢这种方式，讲课的兴致很高，自信心大增，也开朗了许多，上课前她还会这样提醒"学生"："妈妈，下节是你的历史课啊，准备准备！"中考在即，陶妈把每一门学科都划分好课时，把总课时控制在两个月之内，留出一个月时间进行综合训练。实践证明，陶妈这种别出心裁的学习方法是成功的，中考时岚岚以第四名的成绩考入省实验中学。

做"教师"的经历不仅帮助岚岚踏入了重点高中的大门，而且锻炼了她的口语表达能力，学习兴趣和自信心随之大增，加上外语成绩很棒，岚岚经常在学校里给来参观访问的外国客人做翻译、当导游，久而久之，岚岚愈加喜欢外语，渐渐地有了出国的念头。

在国外，陶岚从高中开始便一边打工一边上学，做过十多种兼职，积累了丰富的工作经验。读研期间，她在澳大利亚一所知名公司做销售经理，其踏实的工作作风、良好的工作业绩得到领导和同事的好评，据了解，陶岚是该公司唯一聘用的华人女员工。

儿童心理指指点点：

自信心是指由积极自我评价引起的自我肯定并期望受到他人、集体和社会尊重的一种积极向上的情感倾向。自信心体现了一个人对自己力量的充分估计，因此，它是人们成长与成才不可缺少的一种重要的心理品质。居里夫人有句名言："我们要有恒心，尤其要有自信心。"

　　心理学家把儿童的自信心分为三组，即分为高度、中度和低度。

　　自信心实际上是对自己能力的一种认识。著名的心理学家班图拉曾在 20 世纪 80 年代提出了自我效能理论。所谓自我效能是对自己在特定的情景中是否有能力操作某种行为的预期。这种预期是人们选择什么活动、花费多大力气、坚持多长时间的主要决定者。也就是说，被知觉到的效能预期越强，越倾向于做更大程度的努力。对自我效能形成影响最大的是个人行为的成败经验。成功的经验可以提高自我效能感，使个体对自己的能力充满信心，反之，多次的失败会降低个体对自己能力的评估，使人失去信心。

　　因此，帮助儿童获得能力，通过亲身实践经历产生对自己能力的正确认识与评价，产生积极的自我效能，是培养儿童自信心一个非常重要的方面。稳固的自信心在孩子以后的人生道路上具有重大意义。重要的是，孩子的自信心并非来自于赢取胜利或奖杯，而是来自于克服问题的过程，不论成功或失败，孩子都能获得父母的爱与支持。

从没因为学习的事儿数落过女儿

郭梦笛，毕业于辽宁省实验中学，2006 年以 666 分的成绩考入清华大学建筑系，曾是沈阳晚报小记者。

高考成绩出来的前一天晚上，记者就曾采访过郭梦笛，等待分数的她没有不安和忐忑，相反她很平静："我第二志愿报的是东北大学自动化专业，应该可以保底的。"梦笛的回答让记者震惊，一般像她这样的好学生都是非清华、北大不上的，她怎么会有如此好的心态面对可能的失败呢？近日，记者采访了郭梦笛的父母，从她父母的教育方法和家教理念上我们可以找到答案。

真正的学习方法是自己摸索出来的

笛爸说，他和笛妈从来没因为学习的事儿数落过女儿。说起梦笛小时候的事儿，笛爸的眼神充满慈爱，梦笛小时候胖墩墩的，身体不是很灵活，什么运动都不会，打羽毛球，她怎么都接不到球，笛爸想了一个办法，把羽毛球用一根长长的绳子吊在二楼的阳台上，高度就控制在梦笛举起球拍的位置，这样梦笛就很容易把吊起的羽毛球打出去了，打出去的球还能靠绳子的力量荡回来，再来一拍，就能打一个来回了，梦笛渐渐体验到了打球的乐趣。有时笛爸让女儿看爸爸和妈妈打球，让她通过观察别人打球的动作来体验如何握拍、用劲、发球。

梦笛上小学时总是迷迷糊糊的，橡皮、格尺、练习本等几乎每天都丢，笛爸说，他和笛妈也不多说什么，孩子也不愿意丢东西啊，丢了就给补齐，长大了自然就不丢了。笛爸说，那时候梦笛做什么事都慢慢的，小学一年级时，每次考试都答不完卷子，老师找过家长好几次，这可怎么办呢？笛爸说，这时候家长的态度很关键，小孩子自尊心强，尤其是女孩儿，批评说教只能加重孩子的心理负担，解决不了问题。笛爸给女儿出主意："考试时你从后往前答吧，你看那些题你都会做，就是做题速度稍微慢了一些，先做后面分数多的题，就能得高分！"梦笛按照爸爸教给的方法答题，分数果然提高了，后来不知怎么的，答题速度也上来了。笛爸说，这不能算是他的方法，真正的方法是孩子自己摸索出来的，他给予孩子的就是信心和支持。

"虚荣心"成为做得更好的动力

笛爸想，什么样的学习状态才是最佳的？每天做100道题？会背1000个单词？都不是，提高孩子自主学习的兴趣，调动他们的学习积极性才是首要的。

笛爸说，孩子很容易被正面的、积极的事物刺激，家长要很好地利用这一点。梦笛刚上学的时候什么都不突出，小学四年级时，区里举行小制作比赛，梦迪也不会制作什么，笛爸鼓励女儿参加，并协助她设计制作了一个大船的模型，梦笛怎么也没想到她竟然获得了一等奖，这是她第一次获奖，那幸福的小样儿让笛爸记忆深刻。也就是从那次获奖之后，孩子小小的虚荣心获得了满足，她希望多多地获得这种快乐，她开始主动参加各种竞赛，并认真地做着赛前准备；之后的一次作文比赛，梦笛很苦恼，不知道该写什么题材，笛爸说，你就把制作船模型的经过写下来吧。写完之后，她自己改了一遍又一遍，又找语文老师给她修改，最终梦笛又获奖了，学习的劲头也更足了。

梦笛四年级时转学到了一所新学校，原来的优越感一下子没有了，这时，笛爸给女儿报名参加了沈阳晚报小记者团，梦笛有了发表文章的刺激后，每天回家就看报纸，看有没有自己的文章，如果没有，她也认真阅读，研究别人是怎么写的。

　　笛爸正是用这种"正面刺激"引导孩子主动学习，笛爸说，这不是助长孩子的虚荣心，一开始是虚荣心在起作用，逐渐地，她已经把"如何才能做得更好"内化为一种习惯。

英文版《哈里·波特》让她英语呱呱叫

　　梦笛没有上过一天辅导班，高三时周末回家连书本都不碰。笛爸说："我们三口人的地位是平等的，从不因为她是孩子，就强制剥夺了她的权利，她想看电视、看小说，都是她的权利，我和她妈都不干预。"

　　笛爸说，孩子在学校学习的时间已经足够多了，脑子里填塞着各种各样的知识，他们更需要的是放松和思考的时间，正是那些安静的独处让她有机会去思考问题并发现问题。

　　正因为宽松的家庭环境，梦笛比同龄孩子有更多的时间做自己喜欢做的事情，比如看小说，它不像做数学题那样立竿见影，但是这些学习以外的东西，对孩子健全人格的发展，对学习本身都是有好处的。

　　梦笛英语成绩真正有所提高是在高中时，那时她迷上了《哈里·波特》，她把原版书一共六本都买了回来，那时候学习负担已经很重了，她给自己看小说找了个看似恰当的理由："我看小说，是为了学英语！"笛爸接受了她给予他们的理由，他相信女儿知道自己在做什么。梦笛看第一本的时候绊绊磕磕的，不停地查字典、问老师，后来读到第三四本的时候就很顺畅了，生词已经不能成为她的障碍，她痴迷于"魔法学校"的魅力中。那几本书她不知道读了多少遍，也就是在这个过程中，梦笛的英语阅读水平有了很大提高。笛爸说，如果他们不让她读小说，而是让她死记硬背单词，未必能有如此效果。

儿童心理指指点点：

　　兴趣是人们的认识需要在情绪上的反映，具体表现为对某种事物或某种活动的爱好与追求。这种爱好与追求最初表现在孩子的好奇、好动上。外界事物对于刚出生的孩子来说，一切都是陌生的，随着年龄的增长，他们对眼前的事物，由陌生转向好奇，即而常常会动手摸一摸，用眼看一看，用鼻嗅一嗅，用嘴尝一尝等，力求探索其中的奥秘。

对某种事物或某种活动的兴趣越浓，幼儿的这种追求越明显。因而家长应从孩子的活动中，识别其兴趣、爱好，帮助孩子选择奋斗的方向。比如鲁迅先生的儿子，之所以不搞文学而学习物理，也是根据他自己的兴趣发展的。

家长在发现了孩子的某些兴趣以后，要精心安排教育的方法，在发展兴趣的同时，要按照循序渐进的教育规律实施，合理地安排孩子的学习任务。谁都希望有个全面发展的孩子。孩子的某种兴趣得到发展，这只是单方面的教育，还应帮助孩子发展较广泛的兴趣。因为广泛的兴趣培养，能使孩子获得全面、广博的知识。只有单一的学科和兴趣是不能适应当今科技发展的。

所以家长在培养孩子某种兴趣的同时，还要培养孩子广泛的兴趣，以便获得更加全面的知识。

老师，你就表扬 一下咱家孩子呗

马晓光：1998 年考入北京航空航天大学，1999 年 GRE 考试 2200 分，2000 年托福考试 613 分，2004 年在北航取得硕士学位。后在加州理工大学伯利克学院攻读机械工程博士学位，获得最高奖学金，博士论文被美国国会图书馆收藏，2006 年毕业后进入美国硅谷的 500 强企业之一，任高级研究员。

马晓光是幸运的，但他更幸运的是有个"护孩子"的家教环境——在父母的特殊"呵护"下，形成了健康的心理和健全的人格，为他的成才创造了良好氛围。马妈妈在儿子遭遇信任危机的那一刻，给予了孩子最大的帮助。

小时墙上"涂鸦"，父母用心去欣赏

马妈妈谈到自己的教育理念前，先说起了这样一件事儿：她在报纸上看到一个美国的母亲将女儿的幼儿教师告上了法庭，就是因为老师告诉孩子"O"这个东西是一个字母，读"欧"的音。那位母亲说，没上幼儿园之前，女儿见到圆圆的东西，就说："那是太阳，是鸭蛋，是篮球……"自从上了幼儿园，女儿再见到圆圆的东西就说那是字母"O"，母亲状告老师的"罪名"是："剥夺了孩子的想象权和认知权！"

虽然那位美国家长的状告得有点离谱儿，但是不能剥夺孩子的想象权和认知权却是马妈妈很赞同的观点。小时候的马晓光，淘得无法无天，是那一片儿的"孩子王"。马妈妈说孩子爱玩是好事，不爱玩就麻烦了。

四五岁的时候，马晓光爱上了"涂鸦"，在家里乱涂乱画，马妈妈说，孩子把自己所看到的或想象到的事物，通过画画表达出来是他们在发展认知能力和想象力，不管他涂得如何，父母都不要去管，而是要用心去欣赏孩子的"作品"，保护他"涂鸦"的兴趣和热情；后来马妈妈有意识地把儿子"涂鸦"的地点锁定在了墙上的两幅地图上，让他随便在上面画，画着画着，描着描着，儿子就对地图上花花绿绿的色块产生了兴趣，这时妈妈鼓励他去查资料，把弄不懂的问题搞清楚。"还没上小学，马晓光就懂得很多地理知识了，闭着眼睛就能说出哪是哪儿了！"

儿子怎么疯、怎么玩都不为过，但马爸马妈有一条原则：每天必须有一至两个小时"坐板凳"的时间，干什么都行，但只能做一件事，比如看书、看画报、下棋，哪怕是看电视呢，只要能坐住，能安静下来就好，这是在训练孩子的专注力，让他有安静思考的时间，"不管以后干什么，能坐住是最重要的！"

孩子在学校挨批，家长从不"跟风"

上了小学后的马晓光依然很淘，有一天还没放学就哭着跑回了家，马妈妈头一次看到儿子哭得那么厉害，上气不接下气的："妈，我被老师给撵回来了，她把我的书包给扔了出去，说要开除我……老师让你去学校一趟，你……能去吗？

马妈妈说："儿子，你想错了，你是我儿子，无论你做对了，还是做错了，妈妈都要去，这次更是非去不可了，关系到你是不是被开除……"马妈妈说，这种情况，家长一定要给孩子最有力的支持，站在孩子那面。

从学校回来，马妈妈对儿子说了这样一番话："去了学校我才明白老师有多喜欢你（儿子的眼睛瞪得老大），老师说，马晓光那才聪明呢，

45分钟的内容他5分钟就学会了，剩下的40分钟就开始捣乱，一会儿传纸条，一会儿下地乱走，咋说都不好使，她只好扔书包吓唬吓唬你了。"儿子抬起小脸问妈妈："那你咋说的？"马妈妈回答：我说，你都说马晓光上课45分钟的内容他5分钟就学会了，那剩下的时间他干啥啊？孩子嘛，学会了就想玩。不过，老师，咱们家马晓光优点也不少，他做数学题多快啊，你也适当地给他点表扬呗，他现在都没有信心了。我说他题做得快，他哭丧着脸说，那有啥用啊，老师从来不说我好。我跟老师说，你就顺口表扬孩子一下呗，那他就会非常高兴了！

儿子惊讶地看着妈妈："你就这么说的啊？！"马妈妈说："是啊，我就这么说的，你做题又快又好，就该表扬，不过，你得有点自制力，人要是不约束自己，不就完了吗！"儿子点点头，以后就真没在学校闹过，也没被老师扔过书包。

儿子打游戏，关键时刻"点"出来

"很多家长一提孩子上网就头疼，我家马晓光刚上初中的时候迷上了打电子游戏，成绩直线性地往下滑，我也着急啊，可是想想孩子难免犯错，我们得冷静，不能采取过分和极端的方法，要等待时机，在关键的时刻点出来，才有效果！"

那时候马晓光刚上初中，老师说每天放学前，他早早地就收拾好了书包，做出准备冲出教室的姿势，铃声一响人就没影儿了，在游戏厅一玩就是一下午再加一晚上。马晓光玩得好，从来不输钱还赢了不少"币子"，每天都美滋滋的。马妈妈说，孩子兴趣正浓，这时候你要是给他当头一棒，他不但不能听，还会产生逆反心理，马爸马妈商量着先不动声色，让他先玩着，等他兴趣减弱，各方面的坏处都显现出来的时候，再和他说。

没过多久马晓光的成绩又下滑了，老师频繁地找他谈话，并且眼睛也玩成了近视——时机来了，马妈妈和儿子半开玩笑地开始了谈话："儿子，你挺能耐啊，现在就能赚钱了！"儿子听出了妈妈话里有话。马妈妈继续说："游戏也不是谁都能打好的，你能赢得连老板都吓怕了，说明你有天赋，你要是想把打电子游戏当成你的职业，以后靠它养活老婆孩子，那爸妈也支持你，可以考虑让你专门去学习打游戏，如果你不想的话，就不要在这上面浪费时间了，最后弄得靠打游戏赚不来钱，又考不上大学，那可真就完了！"

马晓光听进去了妈妈的话，去游戏厅的次数明显减少，"家长在这个时候一定要宽容，允许他们'反复'，一个人迷上什么东西不容易戒掉，更何况是孩子！"马妈妈说，有的家长搞跟踪，还找老师帮忙监视，这很愚蠢，不但不能帮助你，反而会使情况更加严重。

儿童心理指指点点：

良好的家庭心理环境应该为孩子营造爱的氛围，其核心是对儿童人格的尊重与友爱。爱是儿童的基本心理需要，也是造就儿童健全人格的关键因素。然而，对孩子的尊重不等于放纵，关爱更不等于溺爱，这两者之间的关系如何权衡取决于父母的教育方式及对子女的教养态度。

现在独生子女家庭中对子女过于溺爱，已成普遍问题。但是如果在"民主型"家庭中，家长平等地对待、尊重孩子，家长与孩子能相互交流各自的看法，对孩子不成熟的行为进行限制，并坚持正确的观点，使平等尊重与适当限制相结合，有利于儿童独立性、自信心与能动性的养成，具有直爽、亲切、爱社交、能与人合作、讲友谊、爱探索等特点。

因此，父母要爱孩子，理解孩子，并用合理、科学的教养方式和教养态度来对待孩子。民主权威型的教养态度是比较可取的教养态度，父母只有充分尊重孩子，从孩子的生理、心理特点，个性差异出发，因材施教，这样才有可能达到你所期望的教育效果，有利于儿童身心健康发展。

潜移默化的威力是无穷的

赵堃竹：5 岁，现就读于泰山路小学一年级，全国少儿英语等级考试幼儿一级，中国音乐学院考级委员会颁发的社会艺术水平二级证书（钢琴）；能够背诵《三字经》《弟子规》《论语》《大学》《孙子兵法》等国学经典。

"大学之道，在明明德，在亲民，在止于善……"随便翻一页《大学》起个头，5 岁的赵堃竹便能一字不差地背出下文。什么《三字经》《弟子规》都不在话下。赵堃竹是神童吗？为什么会有如此超常的记忆力？记者来到赵堃竹家中，采访了孩子的妈妈。

耳濡目染教育法：1 岁时，满墙方块字

竹妈说，孩子记忆力好，这和她早期语言开发是分不开的。宝宝生活在物的世界里，他们一睁开眼睛，就看到了奶瓶、摇铃、娃娃……他们对这些形态各异的东西很感兴趣，于是，竹妈每做一件事情、每拿一样东西都大声说出来，"宝宝饿了要吃奶"、"这是摇铃，摇动时能发出悦耳的声音"……孩子耳濡目染，天天听，天天看，不多久就习惯于识物了，慢慢地就认识和理解了。

赵堃竹 1 岁多的时候，竹妈把《三字经》《论语》《大学》和一些经典唐诗都用大号空心字打印出来贴在了墙上。为了吸引孩子的注意力，竹妈把每个空心字用红、黄、蓝等多种颜色的彩笔描画一遍，还在空白处贴上 kitty 猫、维尼熊等卡通形象的贴纸。

孩子看到墙上花花绿绿的东西很好奇，她歪着小脑袋对着墙看来看去，竹妈知道孩子开始对这些方方正正的东西感兴趣了。

竹妈觉得这个方法可行，在饭桌旁、走廊上凡是孩子经常出现的地方都贴满了字，有空就读给孩子听。竹妈说，她无法计算孩子通过这种方式认识了多少个字，背会了多少首古诗，这都不是最重要的，但是我们必须了解，耳濡目染、潜移默化的威力是无穷的，识字阅读也要在环境濡染上下功夫。

竹妈说，也许有人认为这种教育方式不利于孩子的智力开发，但我认为，这种"非智力因素"，恰恰是孩子低幼时期教育的最好选择，我管这种方法叫"耳濡目染教育法"。

记忆是生理需要：刚会说话就开背

如果说，在孩子一出生就创造一个"知识环境"的话，那么，随着时间的推移，培养孩子的记忆力就显得尤为重要。在赵堃竹掌握了一些高频汉字，吐字比较清晰的时候，竹妈就开始领着她读《三字经》《弟子规》了，因为这两种蒙学读物，都是三字一句，读起来朗朗上口，很容易跟读，竹妈说，如果孩子语言基础好，也可以直接读《论语》；跟读过后，赵堃竹开始自己读，遇到不认识的字，她用铅笔画个圈儿，然后查字典或者问爸爸妈妈。扫除识字障碍后，她坚持每天重复地背念，孩子的记忆力是我们难以想象的，读着读着，念着念着，她就能背诵出来了。

让刚刚会说话的孩子读《论语》《大学》会不会太难了？赵堃竹的母亲说，她查过相关资料，人类大脑发育百分之八十是在 8 岁以前完成的，这一阶段的孩子记忆能力惊人。对他们来说，记忆不是负担，而是一种生理需要。任何字对幼儿来说都是一个图形，只有写的难易，并无认的难易。

之所以让孩子从小背经书，竹妈说，最初她只想让孩子多受一些古典文化的熏陶，但没有想到这个过程让孩子快速认识了好多汉字，而且她越来越发现，早早开发孩子的语言能力不仅使其记忆力和理解力加强，而且启迪孩子的智慧，培养了她对文字的浓厚兴趣。

说到看书，竹妈建议家长在儿童的房间里给他设一个低矮的开放式书架，或者不要怕家里乱，把书随地散放，让孩子随时能与书做亲密接触，想看什么想翻什么随手就可以拿得到。这样孩子首先接触了书，对书有了感情才能对书产生热爱。

刚会走路就走马路牙子

竹妈认为，家庭中在实施早期教育的时候，除了要重视孩子的智力因素开发，更重要的是应该重视孩子的非智力因素的开发，尤其在今天，非智力因素的重要性越来越明显。

赵堃竹刚会走路的时候，竹妈就领着她走马路牙子，一来平衡孩子的大脑，二来锻炼她的胆量，增强孩子克服困难的能力。别小看走马路牙子，这可不是一件容易的事儿，家长最好和宝宝一起走，共同体会其中的感觉。最初宝宝可能站不稳，走不好，没关系啊，今天没走好，明天继续学着走；摔倒了，起来再走，你要给孩子信心，他一定会越走越稳的。有些时候，家长的眼睛并不应该盯着孩子识了多少数、认了多少字，有很多事情需要让她去尝试，孩子在尝试中会变得勇敢；要舍得让孩子吃点苦，在吃苦之后孩子会懂得珍惜；甚至也可以让她受点儿伤，孩子从泪水中也可以体会坚强。竹妈说，培养孩子乐观和积极向上的品格与独立生活的能力，远比她认多少字、识多少数、背多少古诗更重要。

竹妈欣喜地看到，孩子现在遇到困难，不是轻易放弃，而是自己找方法解决，比如说，学钢琴时遇到哪个音儿找不准，她知道爸爸妈妈都不会弹琴，怎么办呢？她拿起电话打给钢琴班里的大姐姐，让大姐姐在电话那边给她弹一遍，她在这边仔细听，然后自己再弹给电话那边的大姐姐听，如此反复，直到弹准为止，那认真的小样儿让竹妈很是欣慰。

儿童心理指指点点：

孩子们正当的兴趣和爱好形成的原因是多种多样的，但不少孩子的兴趣爱好的形成，都要得益于我们家庭文化的激发，可以毫不夸大地说，家庭文化是孩子兴趣爱好形成极好的温床。比如，一位德国著名医生的经历。父亲做医学实验时，他站在一旁好奇地观察，丰富的医学藏书为他探求一个个未知数提供了答案，做小助手使他对医学欲罢不能。这样，他被引发上医学科学研究之路。

所以，家庭文化对孩子成长的作用毋庸置疑。值得一提的是，为数不少的家长，只要言及文化建设，就进行书报、乐器、电脑等物化精神产品的投入。这是必要的，但更重要的是应注意心理投入。倘若忽视了后者，仅注重前者，那么对孩子的健康发展效果不显著，甚至是零效应、负效应。正确、全面地重视家庭文化建设，孩子的健康成长将是确定无疑的。

玩出来的
哥伦比亚大学博士

郭嘉，2005 年毕业于中国科技大学化学物理专业，2005 年 2 月同时收到美国哥伦比亚大学、华盛顿大学等 6 所世界知名大学的硕博连读录取通知书。2005 年 8 月，郭嘉最终选择了美国哥伦比亚大学硕博连读，就读于有机化学专业，并获得全额奖学金。

这次的采访起因于嘉爸给记者打的一个电话，嘉爸说也想交流一下自己教育的方法。

回到家里，嘉爸把给记者打电话的事跟嘉妈说了，嘉妈埋怨他太唐突，"咱孩子不用咱俩怎么管就成才了，可能是特例吧？把咱家的事儿端上来，可别误人子弟呀。"听嘉妈如此一说，嘉爸有些后悔了。后来听记者说，咱们这个采访的目的就是要兼收并蓄各家的"高招"，只要真实就行，嘉爸这才放下了顾虑，说出了他的家教"真谛"——

让孩子自己玩自己想

嘉爸认为，孩子 6 岁以前是智力开发、人格陶冶最重要的时期，这个时期培养得好，以后只需顺势培养下去就不会出现什么大的闪失了。在孩子启蒙阶段，嘉爸认为，游戏和快乐应当是孩子早期教育的主要内容。

郭嘉上小学一年级时发生的一件事儿，更坚定了嘉爸的这种

"小时候让孩子玩好"的教育理念。嘉爸工作的科研所在一次联欢会上给大家出了一道趣味数学题，嘉爸是搞航空发动机研究的，同事们个个都是名牌大学的高才生，可没一个人能在短时间内说出答案。回家后，嘉爸把这道题说给儿子听，郭嘉看了看，没到两分钟就说出了正确答案，嘉爸惊讶得不得了，这怎么可能！郭嘉既不会列方程，也不懂得高数理论，而是用孩子的视角"想"出了答案，简直太神奇了！嘉爸说，这不能说郭嘉在数学方面有多大的天赋，而是高才生们被太多的数学理论给框住了思路，跳不出惯有的思维模式，所以才会输给一个小学生。

一些父母热衷于所谓的"智力开发"，孩子还没上学就对其进行读写算训练，嘉爸对此很不赞成。他说，那些成体系的知识不符合孩子的认知特点，孩子虽然也能靠"鹦鹉学舌"的方式，死记硬背家长硬塞给他们的东西，但并不理解，所以往往并未能促进他们的智力发展，反而给孩子带来很大的心理压力，感到学习是一件很痛苦的事，因而降低了对学习的兴趣，挫伤了自信。嘉爸觉得，父母不要整天围着孩子转，大人有大人的事儿，孩子自然也有孩子的事儿，让他们自己玩，自己想。

和孩子一起摆火柴棍

"让孩子自己玩自己想"是嘉爸后来总结出来的，当时也是无奈之举。郭嘉刚出生时，夫妻俩工作忙，没有时间管孩子，儿子刚满1岁就被送到了单位的托儿所。所里有三位60多岁的姥姥看孩子，她们的作用就是帮家长们照顾好孩子，保证孩子的安全，并不能像幼儿园老师那样教给他们课程，所以孩子们在托儿所里只能玩玩皮球、摆摆积木。

晚上回家，嘉爸嘉妈就和孩子一起玩摆火柴棍、拼塑料拼图，但不论是哪一种游戏，爸爸、妈妈都约定，在一段时间里训练孩子专心做一件事儿。因为不给孩子别的选择，所以，不论玩什么，他都能很专心。这种专心致志地做一件事儿的训练，让郭嘉受益匪浅，在模仿和创新中懂得了思考、学会了自己去解决问题。

小学二年级时郭嘉研究出了窗帘自动控制器。家里的窗帘都是用一些专门用来挂窗帘的夹子把窗帘夹上，然后再穿进一根铁管来回拉，这样的窗帘拉起来很不方便。于是，郭嘉就琢磨着要设计一种遥控窗帘，他利用废弃的玩具汽车里的电机设计出了自动控制的窗帘。

后来郭嘉迷上了玩魔方，他喜欢一个人静静地思考，没过多久就能把任意状态的魔方恢复成初始的六面单色状态，他的平均记录是2.5—3分钟。嘉爸说，郭嘉很有自制力，这得益于他小时候玩魔方的经历，因为让孩子能较长时间地集中注意力，学会控制物体的同时，自制力也得到了控制。

领着孩子们玩"抢答"

随着小学年级的升高，嘉爸开始给孩子换玩法了。每天放学后，嘉爸就把院子里差不多大的孩子召集在一起玩智力问答游戏。孩子们围坐一圈，由嘉爸出题，有点像《幸运52》李咏的架势："至少说出5个有'球'的词语，要快要快！""足球、篮球、排球、乒乓球、羽毛球。"光说出这些远远不够，还得接着问他们："还知道哪些球？"这时孩子的思维处于最佳状态，会将他平时所看到的听到的"球"不假思索、不受限制地尽情说出来，孩子们的答案也常常让人眼前一亮："皮球、气球、月球、火球、星球……"

嘉爸说，这个题目其实就是造句加思维拓展训练，所不同的就是用同一个词语造出多个句子，而且是越多越好，一圈下来，有的孩子实在想不出了，就自己编词儿，听起来乱七八糟的，但他们充分发挥想象力，试图从其他角度寻找答案，这就是发散思维。嘉爸说，答案并不重要，重要的是思维过程。这是发散性思维产生的效果。

嘉爸还常和孩子们玩"词语联想"，由一个词语联想到另一个词语，并把它们串连起来，中间环节越少越好，跳跃性越大越好，比如由"冬天"你能想到什么，有的孩子直接说出了"冬天——结冰——杯子碎了"。

嘉爸说，儿子和小朋友都可爱玩这样的游戏了，这样的形式也很好，小朋友们各自不同的答案可以互相启发，互相补充，产生连锁反应，启迪出更多的创造性设想。

儿童心理指指点点：

对于孩子的来说，玩和游戏就像小树需要阳光空气和水分一样必不可少，这是孩子最基本也是最喜欢的活动，是适合孩子人格健全发展的活动。我们随处可以发现，孩子在玩时都很投入、很快乐。虽然是在玩，但却象认真的做事。苏联教育家马卡连柯曾说过："游戏在儿童生活中具有极重要的意义，就像活动、工作和服务对成人具有重要的意义一样。"

游戏虽是孩子喜欢的活动，但游戏种类很多，方式很多，孩子在玩，可是并不一定"会"玩。怎样让孩子学会玩？怎样达到教育的效果呢？这还必须依靠成人的指导，这种是指导主宰、导演，但不是干预、控制。成人的指导作用体现为孩子"玩"的支持者、帮助者、保护者和游戏的伙伴。

玩就是孩子们最好的学习，在儿童的世界里，一切都是游戏。孩子就是在游戏中不知不觉学会很多本领和技能的。著名作家严文井先生曾打过这样形象的比方：玩对小孩子和对小动物同样重要。所有小动物都没有上过学，但它们的本领是怎么学来的呢？是从玩中学来的。玩能锻炼它们许多技能，而正是这些技能关系到它们日后的生存。小猴子在树上跳来跳去，玩得不亦乐乎。可是有一天，当它遇到了围捕时，必须从一棵树跳到另一棵树上，跳过去是生，跳不过去就是死。那你说这玩中学到的技能重不重要？玩是不是一种不可缺少的学习呢？

"无心"插柳柳成荫

12 岁男孩吴钩这两年"战绩辉煌":2005 中央电视台第六届"希望之星"英语风采大赛全国总决赛获小学组第三名;2005 年 9 月通过全国公共英语等级考试,以 86 分的总成绩拿下了三级证书(相当于大学英语四级水平);2006 年 5 月,获 2006 世园会外语大赛小学组冠军……

2006 年 9 月 17 日,记者走进吴钩家,打探钩妈钩爸的特殊教育方法。

语言训练:从数数、认字开始

钩妈认为,语言训练是开发孩子智力最好的手段之一。不论孩子会不会说话,能不能理解,父母都要和孩子不停地用语言交流,多给他们语言方面的刺激。

数数:钩钩几个月大的时候,钩妈就用数数的方法,让孩子对语言有了最初的认识。钩钩家那时住 7 楼,钩妈抱他上下楼时,每上一步台阶,就数一个数,先用汉语数,再用俄语数,最后用英语数,天天如此,乐此不疲;平时,钩妈变换着不同的语言和钩钩说话,虽然他听不懂,但在他的潜意识里已经有了这样一个认识:一个事物可以用多种语言表达。

认字:钩钩不会说话时,钩妈就开始用识字卡片教他认字,卡片的一面是汉字,另一面是彩色图片,钩妈先读一遍卡片上的字,然后再对照图片给钩钩解释一番,钩钩瞪着眼睛看得可认真了，可谁知道他到底能明白多少呢？认字游戏实施了一段时间，钩妈想测试一下钩钩，她故意把"羊"字读成了"牛"，只见钩钩皱着眉头，使劲晃着小脑袋，显然他知道妈妈读错了，钩妈当时惊讶得不得了，这无疑证实了自己教育方式的有效。

钩妈说，可千万别小看孩子，他们说话前，已经有了很强的语言理解能力。

幼儿早期语言开发不是要让孩子认识多少个字，会背多少个单词，更重要的是增强孩子对声音、声调的敏感度，增强记忆力、理解力和模仿力，为学习语言打下基础。

英语学习：看动画，看电影

看动画：钩钩真正接触英语是在 3 岁那年，爸爸给他买了一张光盘《我的第一本神奇字典》，里面生动、妙趣横生的卡通动画加上纯正的英语配音，引起了孩子极大的兴趣和好奇；光盘中有小测试，记住一个单词，就能听到"你真了不起！"的夸奖。钩钩每天翻来覆去地看，不到三个月，他已经把光盘中的 1000 个英语单词掌握了，不是只会念，还能拼写。

钩钩在看动画的过程中对英语越来越感兴趣，他主要的目的不是要学英语，而是要弄清楚动画里的意思，看明白情节。钩爸钩妈给他买来原版动画片，孩子可喜欢了，遇到有趣的情节，就按"快退"键倒回去反复看，孩子在意的也许只是有趣的画面，可是在一遍遍饶有兴趣的重复中，让他在不知不觉中记住了英文对话，于是，在自然状态下钩钩对英语的听力就形成了。

看电影：钩妈给钩钩买了很多张英文 DVD，可有些电影钩钩并不是很感兴趣，钩爸钩妈便使用"策略"，比如在饭桌上活灵活现地描绘某部影片的精彩情节，大夸特夸影片拍摄得多么美，悬念设计得如何巧妙……钩钩每次都经不住"诱惑"，非把片子看完不可。钩爸钩妈认为，英文动画片、电影带给孩子的东西是任何教材和读物所无法与之相比的——不仅形成了英语思维，认识了更多单词，而且片中涉及的生活背景、文化背景乃至主人公小小的爱好，都可能成为他关心和研究的内容。

语法掌握：在自然状态下进行

钩钩最怕别人问他是怎样学好语法的。钩钩有时答对一道题，老师和家长都追问："你为什么这么填，根据什么啊？"这一问把钩钩问蒙了，钩钩说："没有为什么呀，说话不就这样吗！"钩钩学习英语这么多年，从来没学过语法，天天听，天天用，自然就知道怎么说了。

钩妈认为，学习语言要让孩子在一种自然的状态下进行，不要把孩子学好英语的希望完全寄托在一个好学校、一套好教材上，而是给孩子营造一个接触英语的家庭环境。

钩钩玩的游戏是英文版的，听音乐用的 iPod 是英文界面，家中苹果电脑用的是英文系统，墙上贴满英文版的百科挂图，就连看电视也要看英文频道。钩妈给钩钩安装了数字电视，探索、AXN（动作频道）、HBO（英文电影频道）等英文频道都是钩钩最爱看的。这些节目大都有中文字幕，而节目中间插播的广告是没有字幕的，一到广告时间钩爸就说："快，给爸翻译翻译，这是啥意思？"钩钩为了让爸爸看明白广告，迅速切换中英文思维模式，快速进行翻译；广告循环播出，每看一次钩钩都能对同一广告有更深的认识，每一次译出来的广告语都比上一次更达意、更精彩。

钩钩是家中的英语"老师"

为了让孩子养成说英语的习惯，钩妈总是让钩钩用英语给她讲看过的故事，钩妈有听不懂的地方，钩钩就用汉语给妈妈翻译；钩妈十分愿意和孩子一起说英语，把和孩子一起学习看成是生活中的一大乐趣。尽管说得很蹩脚，尽管说了这个词就忘了那个词，还时不时地遭到儿子撇个小嘴儿笑话一下，但钩妈就是愿意这样"厚脸皮"，很乐意请儿子多多指正。现在，钩钩已经习惯用英语和妈妈交流了。

钩爸和钩妈一样高明，那就是勇于在孩子面前当个"傻子"。钩爸是搞设计的，用于设计的电脑软件几乎都是英文版。每当爸爸遇到"语言障碍"时，就高声向钩钩求援，指着对话框中弹出的英文提示问钩钩："快告诉爸爸这里写的是什么？"这时钩钩俨然一个小老师，认真地给爸爸翻译电脑给出的提示或指令，甚至亲自动手，直接就在电脑上操作起来。在和爸爸的配合过程中，钩钩5岁那年就是个电脑小行家了，他不仅能自如地安装和卸载软件，还能用软件画图、编辑，学着爸爸的样子搞设计。会操作电脑，钩钩就有机会接触同龄孩子很少涉猎的英文多媒体光盘，尤其是百科类的，这也使钩钩受益匪浅。

儿童心理指指点点：

人们都需要健康的家庭心理环境，而孩子对家庭心理环境的感受和需要，往往比成人更加迫切。孩子们的知觉值偏低，对外界环境尤其是对家庭环境，反应更敏感、更直接、更具体。以往，人们也会说"近朱者赤，近墨者黑"，也是有一定道理的。尤其是处于认知、情感、意志、性格等因素都不成熟的孩童时期，环境的作用更显得重要。特别是家庭中的心理环境，对孩子健康个性的培养尤为重要。

在一个家庭中，如果家长热爱生活，钻研学习，而且兴趣广泛，心态健康向上，思想感情积极热情，观念信仰正确得体，风俗习惯有趣活跃，便会使孩子生活在积极向上的心理环境之中，造就出孩子的良好个性。

人们常说："有其父必有其子"、"孩子是父母的影子"等，就是这个道理。为此，作为父母，应该主动创造良好的家庭心理环境，讲究教育孩子的方法，注重培养孩子的健康个性。当然，父母们自身的身心健康也是头等大事。为人父母者，对待孩子培养教育，切不可等闲视之。

白艳和她的 "快乐育儿法"

母亲：白艳
女儿：李文一，沈阳市铁西区兴华二校一年级二班

　　白艳是一位快乐的母亲，她快乐地看着女儿一天天长大。她像所有母亲一样，期望孩子能有一个美好的未来，但同时她又不想给孩子太多的压力，于是尝试一种既轻松又实用的教育方式。事实证明，白艳的教育方法是成功的，她的一些做法很值得年轻家长借鉴。白艳近日欣然接受了记者的专访，很愿意把自己的"快乐育儿法"告诉读者，让大家一起分享这份快乐。

唱着歌儿学认字，女儿喜欢上方块字

　　白艳和丈夫都喜欢音乐，女儿还没出生就开始"听"音乐了，几个月大的时候，只要音乐一响，她就不哭不闹了。发现了这个特点，在女儿 1 岁多的时候，白艳制作了一个大歌本，精心挑选了一些像《世上只有妈妈好》《弯弯的月亮》等旋律优美、速度舒缓、朗朗上口的歌曲。白艳一边唱一边握着女儿的小手，和着音乐的节拍去指认每一个字。一开始，女儿静静地听唱，没过多久，她就和妈妈一起哼唱起来。除了有些经典歌曲，女儿喜欢的一些流行歌曲，也一并收入歌本中，如当时流行的《还珠格格》，女儿天天哼着，并用小手点着："有一个姑娘，她有一些任性……"几乎到了百"念"不厌的地步。在优美的旋律中，女儿越来越喜

欢这些方方正正的汉字了。

白艳一开始并不知道这种方法对女儿识字会有多大帮助，有一天，女儿在一本书的书皮上认出了"好"字，女儿像唱歌一样地说："这是《世上只有妈妈好》的'好'！"这种认字法就像认人一样，多看多接触自然就熟悉了。

歌谱抄写的格式很有讲究，白艳用黑色碳素笔抄写，字的大小像块饼干一样，字的间距大约有一块饼干左右，这样的格式容易让孩子接受，另外，每一页最好不要抄写过多、过密，否则容易让孩子产生厌烦感。

玩着扑克学数学，女儿有了风险意识

女儿刚刚学习 20 以内加减法时，白艳在墙上画了 20 个红彤彤的大苹果，让女儿在头脑中形成"数"的概念。为了提高运算速度，白艳和女儿玩起了扑克牌里的"抓点儿"游戏：两人依次抓牌，把扑克牌上的数字加在一起，与"20"进行比较，认为自己所抓扑克上的数字和与"20"最接近的一方，可亮牌，而后比较两人扑克牌上数字和的大小，大的一方为赢。

女儿每抓一张牌，眼睛一眨一眨的，认真地在心里算了起来，随着计算速度的加快，白艳逐渐增加上限。这个方法除了能训练计算能力，更重要的是让女儿懂得"游戏规则"。有一次，女儿手里的扑克牌上的数字和为"18"，她想继续抓，又怕"冒"了，这时白艳明确地告诉女儿："你继续抓牌要冒一定的风险，要么赢，要么输；赢了是你的勇气加上一点点的幸运；输了也不要后悔和抱怨，这是你自己的决定，失败并不可怕，因为你还有下一次！"

对白艳的话，女儿点头表示同意。可有时她实在难以抉择时，便趁白艳不注意，偷偷翻看了下一张牌，一看这张牌"冒"了，她就说："不抓了不抓了，我亮牌。"白艳严肃地对女儿说："那可不行，这虽然是游戏，但也有规则，违规行为不可原谅。而且是你自己选择继续进行，这说明你很有胆量，那么你也应该勇敢承担失败的结果！"女儿不好意思地低下了头。从那以后，女儿和其他小朋友们玩时，再也不耍赖了。

想和"花仙子"见面，学英语更有动力

女儿4岁半时，语言能力逐渐发展，白艳开始让她接触外语，但女儿并不喜欢录音机里发出的一串串的"天外来音"，一听就皱眉头。

那时电视台正播放动画片《花仙子》，女儿对美丽的花仙子姐姐很着迷。白艳给女儿写了一封信，放到了她的枕边，信是这样写的：

"我是花仙子姐姐，昨天路过你家，你已经进入梦乡了，我在你的小脸上轻轻地吻了你，祝你天天快乐。姐姐看到了你书桌上的英语本了，你的英文写得可真漂亮，等你的英语学好了，姐姐一定到你家做客！等着我哦！"

第二天早上，女儿兴奋地挥动手里的信："花仙子姐姐给我来信了，她说要来看我呢！"说完就拿起英语书看了起来，看来"花仙子"的威力还真大。

小孩子的耐心有限，没过几天，那股热情劲儿就没有了，花仙子姐姐的信又来了：

"小宝贝儿，昨天花仙子姐姐又来看你了，可是姐姐发现你偷懒了，这可不好，你不是想去美国哈佛大学找刘亦婷姐姐吗？学不好英语可去不了美国，姐姐等待你的好消息！"

过后，女儿又端端正正地坐在书桌前学起英语了。以后每隔几天，花仙子姐姐的来信都会准时出现在女儿的床头。直到女儿6岁，花仙子姐姐都一直陪伴着她成长。

有时，女儿无意中看到了以前花仙子姐姐的来信，她读着花仙子姐姐亲切的话语时，嘴角还挂着幸福的微笑。如今，女儿上小学了，白艳把事实的真相告诉了女儿，她笑着说："原来花仙子姐姐就是妈妈呀，我说她怎么什么事情都知道呢！"

儿童心理指指点点：

对儿童来说，一切新奇的东西是最容易引起他们的兴趣的。因为孩子们感情丰富，想象力强，但是由于儿童的意志力还比较薄弱，他们不可能像成人那样对于枯燥无味的东西刻苦钻研，细心琢磨。所以如何化烦闷为兴趣，寓教于乐，情趣横生，便成为教师以及家长在对孩子的教学中必须掌握的艺术了。

父母是实施孩子家庭教育的责任人，把孩子养育成人是所有父母的人生大事，当然也应该是一件快乐和有成就感的事。在孩子的身上寄托着父母亲的全部希望。但是在现实生活中，教育孩子并非像理想中那样愉悦，总会生出很多烦恼，甚至是痛苦，费尽心血都换不来理想效果。而儿童方面却同样出现问题，觉得很苦恼：如总觉得自己怎么去努力都达不到家长的要求；自己有很多的想法总也不能得到理解。

那么，问题又是出哪里呢？就是父母家长没有了解儿童的学习心理，以及教育孩子时的方法方式存在很多问题。所以，父母应该做的是：尊重客观规律，结合每个孩子的实际情况及非智力因素形成状况，走近孩子的心灵，采用积极、灵活的方法，激活孩子心理，因人施教，将会事半功倍！

总之，家长一旦掌握了儿童学习心理特点，采取正确的态度和方法帮助、辅导孩子的学习，就能取得良好效果。这方面的工作主要靠家长和老师，平时细心观察，因势利导，就能收到成效。

我不能剥夺儿子对父亲的爱

编辑部收到了一封信，是一个孩子写给母亲的信。我们被信中流淌的真情深深打动了。这不是母子之间普通的通信，而是一位单亲家庭的孩子，在他母亲生日的时候所表达的对母亲真挚的爱。

我是一个单亲孩子的母亲，我和丈夫在孩子12岁那年就离了婚。我没有抱怨丈夫的不忠，没有整天以泪洗面，我坚强、乐观地看待每一件事情，用自己的努力干出了一番事业。最让我欣慰的是，儿子像其他家庭的孩子一样健康地成长。我想说的是："不幸的婚姻固然悲哀，但让不幸延续才是最悲哀的。"

我和儿子用写信的方式沟通

儿子刚上初一，学习不努力，成绩下降很快。有一次考试，儿子竟然排在班里倒数几名。儿子如此不上进，我非常生气，打了他一个耳光。这是我第一次打儿子，他哭得上气不接下气，我仍然质问他："为什么不努力学习？"儿子一边哭一边说："你和爸爸为什么要离婚？"

我无言以对。这时，我才明白儿子成绩下降的原因。那时我和丈夫刚刚办完离婚手续，我以为孩子什么都不懂，因此，忽略了孩子的感受。

我擦干孩子的眼泪，深情地说："爸爸妈妈分开，只因为我们彼此不适合，分开是为了让彼此生活得更好，爸爸依然是你的好爸爸，他对你的爱没有改变，永远也不可能改变！现在，我们只不过是换了一种生活方式而已，你不要特别在意。"儿子明白了我的话，忽闪着大眼睛望着我，眼里有了光彩。

从那时起，我就非常关注儿子的情绪和心理变化。我跟儿子说，以后有什么心里话想和妈妈说，又不好意思说，就给妈妈写信吧。于是，我们虽然近在咫尺，但却用通信的形式进行交流。

一次儿子给我写道："妈妈，这次考试我成绩一般，我下次一定努力。"我给他回信："妈妈看到了你的努力，而且你已经有了很大进步，妈妈很高兴。"有时候我因为生意上的不顺利而心情不好，他就写信劝我，像个小大人一样。这种通信的方式一直到现在还继续着，我们母子的心总是贴得很近很近。

我告诉儿子：你爸爸是个好人

离婚，只是我和他爸爸解除了婚姻关系，我不能也无权剥夺儿子对父亲的爱。

记得有一次儿子问我："妈妈，爸爸对不起你，你恨他吗？"我说："我不恨他，妈妈也有做的不对的地方。你爸爸是个很善良的人，他以前还是劳动模范呢，得了很多荣誉证书。"我的一番话使儿子对他父亲的种种疑虑全都打消了，孩子知道他有一位很优秀的父亲。

其实孩子这样问我，就是想从我这里得到对他父亲的真实评价，我如果有意诋毁他的父亲，对孩子就是一种莫大的伤害，会在他幼小心灵中造成难以抹去的阴影。我们离婚的苦果不能让孩子和我们一块儿品尝。从此，孩子又恢复了以往的快乐，在学校争抢着当先进，他要和爸爸比谁得的荣誉多。

每个节假日我都给儿子的爸爸打电话，让他一起过来吃饭。看到他们父子搂着肩膀，有说有笑，我很欣慰。我们三个人谈笑风生，外人一定看不出这是一个离异的家庭，我和前夫也没有丝毫的尴尬，孩子能快乐，是我们共同的心愿。

儿子也经常到他爸爸那里去玩，回来给我讲发生的有趣的事儿，和那边的阿姨也相处得很好。我要让孩子感到，"离婚"只是爸爸不住在家里了，其他的都没有改变。

我和儿子快乐地生活

生活是美好的。不能因为有了缺憾就放弃所有的快乐。

只要儿子有空，我就带他去游泳，去爬山，去感受大自然的神奇和美丽。每年的端午节，我和儿子都提前包很多很多的粽子送给邻居，让邻居和我们一起快乐。端午节的早晨，我们早早地起床，骑自行车去北陵公园采艾蒿。当我们把芳香的艾蒿插在门上的时候，那种快乐和幸福是难以形容的。

儿子高考之后的假期，有场很著名的足球比赛在沈阳举行，儿子是超级球迷，我托朋友买了两张票，陪儿子一起去看球赛。球场的火爆气氛是我从未见过的，场内锣鼓喧天，大家喊着叫着，各种声音混成一片，我简直要晕倒了，心脏有点承受不了。

我对足球一无所知，从开始到结束我都没看明白是怎么回事儿，但看到儿子投入的神情、兴奋的状态，我什么都忘了，和儿子一起喊，一起疯狂。出场的时候，我问儿子："这是哪个队和哪个队踢啊？"儿子十分打趣地朝我做了一个"嘘"的手势，逗我说："小点声，别让人听见，让人家笑话。"随即，我们母子开怀大笑。

儿童心理指指点点：

当今社会离婚的现象越来越普遍，越来越多的孩子生活在了"单亲之家"里。这些孩子不能像正常家庭的孩子那样，同时享有双亲的爱，造成爱的天平倾斜。对于这个特殊的群体，我们的单亲家庭父母和教师就应该特别地关注他们的成长，关注他们的心路历程，引导他们全面发展和健康成长。

但是，也许大部分的人都会认为，单亲家庭的孩子所获得的爱是不健全的，因此那些为父或为母的人便心怀无边的愧疚，千方百计地弥补孩子。想想，也的确是如此。但此种想法就正确吗？此种想法在孩子的教育过程中会有好的作用还是坏的作用呢？这的确是个问题。

所以，单亲家庭的父母，不要因为单亲而对孩子负疚，想方设法地补偿孩子。那样做，从心理学的角度而言，对孩子是有害无益。相反，我们还得帮助孩子正视他所面对的现实生活，让他明白他的生活和其他孩子的生活并没有什么两样！让他明白每一个孩子生命的历程中都会遇到很多很多的问题、困难。对这一点，老天爷是公平的，并不因为哪个孩子双亲健全就多给他一点顺境，对其他的孩子就多制造一点坎坷！让他明白他只有勇敢地正视困难，以百折不挠的毅力战胜困难，他才能获得幸福的生活！

用音乐增强孩子记忆力

父亲李晓东，39 岁，自由职业者，自从有了女儿后，开始研究早教和心理学等相关知识。

女儿 5 岁，有超强的记忆力，英语故事听几遍就能复述下来。在英语培训中心，5 岁的她和小学生一样，能听懂老师的课。

李爸爸说："我家孩子不是神童，我们也不想朝着多大的目标去培养她，只想用一种快乐的方式开发孩子的潜能，帮助其获得成长所需的关键养分——智能、体能、社交、语言和人格，使其成为自信、愉快的人。"

李爸爸是个音乐发烧友，对古典音乐尤为着迷，他说："经常听轻松悦耳的音乐，会使你保持乐观的情绪，对生活和学习充满兴趣和信心，而这些都会潜移默化地增强你的记忆！"李爸爸从妻子怀孕起，便开始研究音乐胎教和"音乐学习法"。

女儿刚出生，就能领会音乐之美

李爸爸说，古典音乐因为其节奏和孕妇的心跳旋律相近，对胎儿有启发和安抚的作用，他们出生以后大都听觉灵敏，有利于智力发育和情绪培养。于是，从妻子怀孕 4 个月开始，每天早晨醒来，李爸爸就打开 CD，让妈妈和肚子里的小宝宝一起欣赏优美而舒缓的乐曲，让他们在平和欢快的气氛中开始新的一天。

李爸爸认为，准妈妈的心情好坏与否，是决定胎儿发育的一个至关重要的因素——准妈妈在听音乐时，不要总想着这是让即将出生的宝宝更加聪明，而是要真正享受音乐，因为它可以帮助你放松，让你尽快入睡，或能改变因怀孕而变得郁闷的情绪。如果准妈妈的心情愉快了，对胎儿肯定是有好处的。

宝宝出生后出现了令人惊异的情形：她竟也能"领会"音乐的精髓，每当听到"音乐胎教"时的旋律，不管怎样哭闹，她都会一下子安静下来，表现出一种欢喜无限的样子。

现在市场上的胎教音乐种类繁多，李爸爸总结出几条经验供准父母们参考：一般来说古典音乐比较适合胎教，但也不是所有的古典音乐都适合，甚至同一首音乐也不是每个段落都适合。所以，一定要认真选择，所选音乐一定要经过高水准的演奏和高质量的制作。另外，胎教音乐最好选择CD，并通过专门的CD机播放，不要用电脑播放。

两台CD机同时播，故事音乐一起听

李爸爸刚"升格"为父亲时，心中的柔情、兴奋、感恩溢于言表。在李妈妈生产前，李爸爸那些做了父亲的朋友都曾"警告"李爸爸：有孩子你就别想消停了，孩子一天又哭又闹，你要有心理准备。可是事实并非如此，小宝宝每天晚上都睡得特别安稳，白天醒来总是笑眯眯的，很少哭闹，李爸爸、李妈妈也吃得好也睡得香，一点儿不辛苦。

李爸爸认为，这都是音乐胎教的结果，给孩子听音乐可以尽早为孩子建立良好的听力机制，孩子也就能尽早地理解别人的话，其记忆力和注意力也能充分发掘出来。如果孩子协调性好、语言能力好，表达能力及反应也会比较快，人际关系也会好，这些都是相关联的。

小宝宝出生后，李爸爸继续利用音乐的魔力，每天在生活中恰当地提供音乐刺激，激起孩子愉快的情感。

李爸爸还试着用"音乐学习法"来增强孩子的注意力和记忆力，收到了意想不到的效果。李爸爸的具体做法如下：让两台CD机同时工作，一台CD机里播放"巴洛克"风格的、每分钟60拍的音乐，音量要很小，另一台CD机则用来播放儿童故事、《三字经》《论语》等朗读盘。1周岁左右，宝宝就能随着录音机一起说了，听过的东西很快就能背下来。李爸爸说，音乐能让孩子的情绪安静下来，帮她打开大脑的记忆大门。实践证明，这个方法是有效的。

制作巨型木质横梯，进行体能训练

李爸爸从前是搞体育的，在运动方面是个行家。他的家仿佛是个游乐场，各种儿童运动器械应有尽有，最抢眼的就是房间里的巨型木质横梯，这是李爸爸亲手打造的，为的就是给女儿增加运动的乐趣。李爸爸让女儿来个现场表演：只见她轻轻一跃，抓住了横梯，然后借助摆动身体的惯性，双手交替向前移动。李爸爸说，爬横梯不但可以锻炼臂力和手眼协调能力，而且还能锻炼孩子的胆量和勇气。孩子在上面荡来荡去的时候，眼睛就要不停地搜寻，找到下一个可抓的支点，这个过程会让孩子的视力、胆量和注意力得到提高。

正当记者感叹5岁的小女孩能够完成这样高难的动作时，李爸爸说，女儿的身体棒极了，3岁半的时候就跟着他登上了泰山，往返历时8小时，这孩子一点儿没喊累。这和李爸爸从小的体能训练是分不开的。并且在女儿刚出生不久，李爸爸就托着她的身体做前滚翻、后滚翻等运动。这种翻滚运动能刺激宝宝的皮肤感觉，增强其协调性。现在女儿已经能做出相当标准的前滚翻、后滚翻动作了，就连胸滚、翻跟头等体操动作都能轻松完成。

这么小的孩子做前滚翻，不会窝折脖子吗？李爸爸说，家长总是把孩子想得那么脆弱，有人做过实验，把刚出生的宝宝放在母亲的腹部，他饿了就会奋力爬向妈妈的乳房找奶水喝，那是生存本能。尽早让孩子运动起来，父母只要做好安全保护工作就可以了。

儿童心理指指点点：

人类关系学家认为：如果6岁前孩子的潜能被开发并得到培养，那么他的未来就更容易突破平庸，也会产生更多的自我满足感。每一个孩子都与生俱来拥有一个神秘宝藏，这就是他们的天赋才能。即使医学上认为弱智的儿童也不例外。

很多父母花巨资给孩子报各种各样的辅导班，带孩子奔走于各种各样的比赛，收获奖杯和奖章，但是这些都并不是真正发掘孩子的潜力的做法，而最重要的是你和孩子一定要知道他擅长的是什么，以及他尽自己最大努力的价值。如果孩子清楚地了解自己的兴趣，意识到自己的能力，那么未来他追求理想和抱负时，即使遇到困难和挑战，也会保持强烈的自信和进取心。

家长发现了孩子的某一方面的潜能后，要创造条件保持这些特长的发挥，有特长的孩子会有更多机会获得成就感。无论是滑冰还是画画，音乐还是运动，当通过自己努力取得了进步或竞赛中取得了成绩后，孩子就有了更多的机会认识到自己的能力，从而产生自信心也有了更强的动力继续发展。

为孙女写下
50万字《成长日记》

讲述者：王殿堂，73 岁，北京航空工业学院毕业，在"沈飞"工作 41 年。孙女 5 岁半。

5 年前，小孙女出生了。儿子和儿媳都是单位中层干部，没时间照顾孩子，就把这个重任交给了我和老伴。

如何照看和教育孙辈，需要慎重考虑。在我的家族中曾经有过不成功的例子：我父亲对我二弟的儿子十分宠爱，孩子无论做什么，父亲都护着他，二弟对自己的儿子说不得、碰不得，结果，侄子被惯得不成样子，什么事情都不会做，二弟每次提起都只叹气。

有了"前车之鉴"，我给自己定位：配合儿子儿媳照看和教育孙女，辅助他们做好工作。

日记成了孩子的一面镜子

一个孩子在母体中孕育到一点点长大，是一个值得自己慢慢体味的过程。为了能给孙女留下一份珍贵的资料，我决定为她记日记：记录她成长中的点点滴滴。日记从"我从哪里来"开始，经过十月怀胎，到孙女出生，到上幼儿园，每一天都有详细的记录。5 岁的孙女现在还时常翻起我给她写的那一段日记，学着大人的口气，大模大样地说："时间过得真快啊，一转眼，我都长这么大了！"

我随身带一个小本子，孙女做什么有趣的或值得纪念的事儿我都随手记下来。为了能使资料更易保存，当年已是 68 岁的我，开始学习电脑，不仅会打字，还学会了扫描、刻录等技术。在日记中插入照片，并用 photoshop 软件加以处理，加上注释，使日记的内容更加丰富。五年来，我已经为孙女写了 50 多万字。

日记对孙女成长所起的作用，已经远远超过了我起初的想法。她知道我在给她记日记，每当发生有趣的事情，尤其是她在幼儿园得到了小红花或受到表扬，她都得意地对我说："爷爷，这件事一定要帮我记上啊！"要是犯了错误，她也会主动承认并央求我："爷爷，今天我犯错误了，你就别给我记了，我下次一定改，要不将来我的孩子看到了，该笑话我了！"

日记成了三代人沟通的桥梁

对孩子影响最大的是爸爸妈妈，在孩子成长的重要阶段，不能完全把孩子交给祖辈，这对他们的成长不利。可是儿子儿媳都是单位中层干部，要他们全天陪着孩子是不现实的。这时，成长日记又发挥作用了。

3 岁以前，孙女每天和我们两位老人待在一起，晚上儿子儿媳把孩子从我们这接走时，还要一同带走《成长日记》。日记中记录了孙女白天做了些什么，又有哪些进步，成长中还存在哪些问题。儿子儿媳每天晚上看一遍日记，仿佛和孩子重新过了一天，分享孩子成长的快乐，发现成长中的问题。

日记不仅让儿子儿媳每天都重温孩子的表现，它还帮助我和儿子儿媳在教育孩子方面更好地沟通。有一次，孙女很不听话，儿子就说了孙女几句，孙女吓得哭了起来，儿媳看到孩子哭了，很是心疼，不满意地对儿子说："你那么说孩子干什么呀？又没什么大不了的！"

儿子的态度是有些不好，可是儿媳在孩子面前这样"损"儿子，使儿子有些难堪，最主要的是降低了父亲在孩子心目中的威信。可是当时我这个当公公的又不能说什么，担心儿媳多想，影响我们之间的感情和家庭和谐。

过后，我就把那一段如实地记到了孙女的成长日记中，关于对儿媳的做法，只是一笔带过，点到为止，儿媳回家看到这段文字时，意识到自己当时不该那么说丈夫，夫妻俩在教育子女问题上的分歧，不能在孩子面前表现出来，事后商量解决办法才是正确的方法。

日记成了解决问题的好途径

孙女上幼儿园了，虽然她不能天天在我身边，"成长日记"我还是一如既往地记下去。孙女每天晚上都要给我打电话，述说每天在幼儿园发生的事情。开始，我觉得这有些浪费电话费，一唠就是一两个小时，可是后来我发现，这对于锻炼孙女的表达能力很有好处，也是我记日记的好素材。特别是发现她说话有些口吃之后，日记成了问题的"解决方案"。

孙女刚上幼儿园那会儿，可能由于环境不太适应，说话有些口吃，一着急，更是半天说不出话来。给我打电话时，口头语特别多，总是说"完了吧"、"然后吧"，半天说不到正题上。儿子儿媳看到《成长日记》中记录了孩子的口吃问题，并提出了"解决方案"：对孩子的口吃不能着急，在态度上不能表现出与平时有什么不同，耐心地听孩子把话说完。儿子儿媳看了我的日记引起了注意，对这个问题的解决达成了共识。

孙女每天晚上还是照常给我打电话，我鼓励她多给我说说在幼儿园的事儿，让她复述看到的笑话和感兴趣的故事。她"卡壳"的时候，我就适时地启发，不让她着急，以免对她造成太大的心理负担。几个月后，孙女说话正常了，能够流畅地与别人交流了。

我很庆幸自己找到了这样一种隔代教育方式。给孙女记《成长日记》不仅帮助孩子愉快成长，也给我带来了很多乐趣，我在记日记中享受到了特殊的天伦之乐，也享受到了为隔代人成长发挥"余热"的成就感。

儿童心理指指点点：

以上这个真实故事中王老先生记录《成长日记》的方法，是很值得我们广大家长们学习和借鉴的。这样做不但可以全面而又细致地了解孩子的成长过程，也更容易发现和纠正孩子的错误以及存在的问题。其中有一点就是可以利用到孩子们的荣辱观心理，从而更好地教育孩子积极向上。

因为，对儿童而言，当儿童自己的行为受到周围人们的批评时，或者当儿童意识到自己的某种行为可能会受到人们的谴责时，就会产生羞愧或羞耻感。如果一个人不能产生羞耻感，其自我道德就难以健康地发展起来。在这个意义上说，儿童的荣辱观，是儿童健康发展的必要前提。

荣辱感和羞耻感属于情绪和情感心理的范畴，因而对人的道德行为具有促进和约束作用。例如，一个有道德荣誉感的人，会在个人自尊心、名誉感、光荣感、好胜心、自我感和集体主义感的推动下，产生做出道德行为的强大动力，而羞耻感则可以制止或纠正个人的不正确行为。在这个意义上说，儿童的荣辱观心理，是儿童品德心理发展的情感动力。

学生干部：
从国内当到国外

高楠：2001 年 7 月收到加拿大滑铁卢大学环保专业硕士研究生录取通知书，并获得全额奖学金，硕士研究生毕业后又考取该校城市规划博士研究生，并于 2007 年毕业。

从小学到高中，高楠当了 12 年班长，在大学仍担任学生会干部，在加拿大留学又成了学生领袖，算起来已经当了 21 年的学生干部了。楠爸说，好多家长不希望孩子当班干部，怕耽误学习，但他和楠妈却一直很支持女儿："女儿当了 21 年'干部'，从中受益，她获得了责任心、爱心、胆量、自信、气度、智慧、领导力……"

考试前夜仍在工作

高楠很小的时候就是"孩子王"，在他们住的大院里特有号召力。是不是高楠天生就具有领导气质？楠爸说，这可无从考证，但是有一点可以肯定，高楠有爱心，做什么事情先为别人着想，这样大家才愿意和她一起玩。楠爸觉得这和楠妈的影响是分不开的。

小学和初中阶段，担任班干部和学习之间的矛盾冲突表现得不是很大，可到了高中，随着课业负担的加重，工作和学习两者之间的矛盾愈加凸显。当时高楠的班主任刚刚结婚不久，家里很多事情要做，班级里的一些工作自然落到了高楠身上，她没有抱怨，很乐意为老师减轻点负担。

有一次正赶上第二天就要考试，高楠回家后没有复习功课，而是在帮老师抄写某些科目的成绩单，楠爸楠妈虽然一直很支持孩子的工作，但是在这样的紧要关头做与学习无关的事情，心里多少还是有点犯嘀咕，但是他们没有去阻止女儿，他们说服了自己：学习不差这一天晚上，如何处理学习和工作之间的关系是她时刻都要面临的问题，这种能力对她来说，特别是以后步入工作岗位更是至关重要。结果就像他们所预料的那样，高楠的成绩没有受到影响，相反，她统筹时间、处理问题、与人相处的能力越来越强。

高楠出国后表现得尤为突出，在加拿大留学期间，她曾多次组织和策划华人联谊会的活动，凭着良好的沟通和交际能力，联谊会办得有声有色，而且她亲自出面去邀请到中国驻多伦多领事馆官员和他们学校的领导出席，为华人联谊会大造声势。

楠爸说，有的家长总在算一道数学题：每天的有效时间为8小时，如果班级工作用去了1小时，那么8-1＜8，学习时间自然就少了1小时，成绩当然就低了一些。但从辩证的角度看，就是另一种结论了：当了班干部，他便想到为同学们做出榜样，激发起他的学习热情，提高了单位时间的学习效率，收获到了除学习以外更多的东西，便出现了8-1＞8的好效果。

每晚接"高楠专线"

高楠家的晚上是不安静的，家里电话响个不停，都是找高楠的，不是这个同学问个事儿，就是那个同学数学题不会了，楠爸说，家里的电话都成高楠专线了。有的家长可能会说："自己的事儿还一大堆呢，管别人干什么啊？"可楠爸却觉得这样很好，心里高兴："大家向女儿寻求帮助，一方面说明同学们信任女儿，另一方面也说明了女儿有能力为他们解决问题，这难道不值得高兴吗！至于如何处理这里面的矛盾，是高楠的必修课。"

楠爸说，女儿在帮助别人的过程中获得了快乐，在她需要帮助的时候，不是一个同学，而是好多好多同学都会来帮助她，她在传播爱的同时，收获着爱，也准备将更多的爱传递给需要帮助的人。在加拿大读硕士和博士研究生期间，由于成绩优异，高楠导师给她安排了一个报酬不低的兼职——给该校的本科学生批改作业，每天两小时，每小时可以赚20加币，相当于人民币140元，这些钱可以让高楠的生活发生很大的改变，买漂亮的衣服，住更好的公寓，可是高楠没有，她把挣来的钱都存了起来，准备拿出一部分捐给中国的贫困孩子，"有那么多孩子还上不起学，我们得帮他们一把！"

当家长的，在教导自己子女的时候，应当考虑到你的教育理念或者教育方式会对自己的子女产生什么影响，会造成什么后果，绝不能凭自己狭隘的生活经验、落伍的价值观念、想当然的价值取向来左右子女，否则，将使孩子无法适应激烈竞争的社会。

儿童心理指指点点：

良好的家庭教育环境需要家长言语的技巧和用心的教育方式，为孩子创造一个宽松、随和的氛围。不严肃、不约束，就不会压抑孩子的情绪，充分发挥他们的积极性，开启他们的想象力，让他们在轻松愉快的气氛中，尽情地表现自己，尤其是那些性格比较内向的孩子。

家庭是孩子表现的最好舞台，在这个舞台上，要给孩子每一次展现自己的机会。因此，家庭必须是一个民主的家庭，家长要经常地和孩子交流，征求孩子的意见，听听孩子的心声，给予他们机会表达自己的想法和愿望，万不可以一句"小孩子家"而使孩子白白失去一次次珍贵的成长机会。

让孩子学会独立做事，在做事的过程中学会独立，学会思考，学会创造。当然很重要的是，家长要相信孩子的能力，信任是对孩子的尊重，信任是对孩子的创造，信任是对孩子能力的发展。在家庭中父母要给孩子充分展示自己的空间，随时给孩子锻炼的机会，及时捕捉教育契机，因势利导，以真正的爱来教育孩子，将孩子引向未来成功的生活之路。

开明父母的"自由教育"

　　家庭教育同学校教育一样，也有个"教学相长"的问题。家长和子女之间，虽然是教育与被教育的关系，但家长不可能"一贯正确"，教育不当甚至失误也是常有的事。有时会因为"恨铁不成钢"，一不小心犯了错误；有时会因为过分相信自己的经验，教育方法专横、武断、粗暴，伤了孩子的自尊；有时会因为过分溺爱，一味顺从孩子，养成了子女的一些不良习惯，等等。遇到类似情况，父母不妨听听孩子的声音，了解孩子的真实想法，尽可能平等地讨论问题。当然，要做到这一点，"开明"是最重要的，只有开明，才能做到"教学相长"；只有开明，才能实现家庭和谐；只有开明，才能打开孩子的心扉。这一章里收录的文章，既有"开明"的典范，也有"不开明"的教材。"没有开明的父母，他们将会怎样？"多想一想这样的问题，我们的家教就会更务实一些，更理智一些，更科学一些。

乖女儿为何反抗
我这个好妈妈

讲述者：高娟，我自认为是个称职的母亲，但是一向乖巧的女儿却说我让她太压抑了。

认识我的人都说我是一个好母亲，我也一直认为自己是个称职的妈妈。从女儿出生起，我就为她设计好了成长道路，女儿按照我设计的轨道健康成长，不仅多才多艺，而且学习成绩很好，中考时考入了省重点中学。正当我沉浸在成功教育的喜悦中时，女儿的一句话让我震惊了……

乖女儿说我太让她压抑了

一年前，女儿考入省重点中学，公布分数的第二天，我就把考虑很久的方案告诉她："你马上就要上高中了，重点中学的竞争更激烈，形势更严峻，这个假期一定不能浪费，英语和奥数都要补习，我已经考察好了一家补习班，明天就去上课！"女儿听完我的"指示"后，大声对我喊："我不想再补课了，我想在家看看书，自己学。妈，我都压抑十几年了，你就不能给我点自由吗！"

听完女儿的话，我惊呆了，当时我正在拖地，手里的拖布"啪"的一声掉到了地上，一向乖巧的女儿从来没用这种态度和我说过话，今天是怎么了？我情绪也很激动，问女儿："你说说你怎么压抑了？十几年来，我为你操碎了心，你知道我是怎样过来的吗？我压抑跟谁说去，你倒压抑了？！"

女儿带着哭腔说："妈，你身体不好，血压也高，我不想惹你生气。以前你说什么，无论我心里多么不愿意，我都照你说的办，5 岁起你就让我学钢琴，其实我不喜欢，我想跟你说实话，但你每次都是命令的口气，从来没问过我的意见，执行没商量，我只能接受。妈，你知道吗？我不喜欢钢琴，我最喜欢的是画画！"

女儿从5岁开始就没过周末

我一直认为我做母亲很成功。女儿上小学那年，我就放弃了会计师的工作，一心一意照顾她，可是她竟然说压抑，我很不理解。可静下来想想，我的确是在把我的想法强加给女儿。

我从小喜欢音乐，觉得女孩子学钢琴，不仅能培养艺术气质，要是学好了拿到等级证，考大学还能加分。女儿 5 岁时，我给她报了钢琴班，正像女儿说的那样，我从来没问过她喜不喜欢。

我听别人说，学钢琴一定要找好老师，要是养成不好的习惯，以后想改就难了。于是，我托人打听，终于找到一位培养出很多钢琴家的知名教师。拜名家为师，不但学费高，上课地点远，而且家长一律不准进入教室，我在外面一站就是几个小时，无论酷暑严寒。

女儿 7 岁那年，我让她练习书法，之后又参加了写作、摄影等各种补习班，学习这些我都没问过她的意见。从 5 岁开始，女儿就没过过周末，一到周六周日，我们娘俩就往返于各个补习班之间，为了节省时间，中午只能买个面包吃几口，就要赶往下一个补课地点。我累，女儿更累。

我从没问过女儿她喜欢什么

为了巩固上课内容，我每时每刻都在督促女儿复习。女儿开始学钢琴时，我就让她在弹每首曲子之前要把乐谱背诵下来，我在某本书上看到，那样做能提高记忆力。有了这样的要求之后，女儿从幼儿园回到家，手里就拿着乐谱看，嘴里不停地念叨着。现在想想对女儿的要求真是太苛刻了，甚至有些残酷。把每首曲子的乐谱背下来真不是一件容易的事儿，我从来没考虑过，这对一个5岁的孩子来说有多难，我完全把她看成和我们一样的成人，只要是我提出的要求，她就应该必须完成。

从5岁开始，女儿每天放学回来，先要练两个小时的琴，然后写报纸大小的书法字50页，这些都完成后，再写老师留的家庭作业。随着年龄的增长，女儿晚上睡觉的时间一点点后延，从小学时的9点到初三时的后半夜，几乎天天如此，女儿从没说过她受不了或是很累的话，她知道那样说，我会伤心。

那天我和女儿聊了很久，女儿把她平时画画的小册子拿出来让我看，我的眼睛湿润了，她那么喜欢画画，而且画得那么好，而我偏让她学钢琴，女儿说："妈妈，我不是责怪您，您做的一切都是为我好，我都明白，我只是说，如果你当初要是问我喜欢什么，再帮我选择的话，我想我的童年应该比现在快乐！"

如今，我改变了以前在女儿面前高高在上的姿态，什么事儿都和她商量，以前她从不和我聊天，我问她一句她就回答一句。现在，女儿很信任我，很多孩子认为不能和家长聊的问题，她都主动和我说，问我该怎么做。

我发现，当我对女儿"放手"的时候，她越来越快乐了，学习成绩也更好了。

有时候我们的家庭教育有些太专制，孩子必须按家长设计的"成长模式"去走，轨道不能有丝毫的偏离。这种忽视了孩子内心世界的"设计"，必然压抑孩子的个性自由，压抑孩子的天赋发展，压抑孩子的内心世界。

我们的家长总把孩子的成长作为自己成功的一部分，换句话说，就是用孩子的成绩来证明自己的成功。如果说父母对子女是最无私的话，那么，从这一点来看，这种无私的纯洁度就打了折扣，原来"望子成龙"不光是为孩子，也是为了自己呀！这是孩子对家长产生逆反心理的一个重要原因，这种现象很值得深思。

我们对孩子的教育敢不敢"放手"，能不能"无为而治"？换句话说，就是可不可以少管一些，当孩子有了独立判断和辨别是非能力的时候，自己的事情最好让他们自己去做主，这样可以早一点增强孩子的责任意识和自主意识。

儿童心理指指点点：

望子成龙是每位做家长的美好的愿望，可是，不给孩子适度的空间和时间，那结果就往往适得其反了，孩子也就产生逆反心理。不仅学习成绩无法脱颖而出，反而还会产生厌倦和松懒。

我们家长不如坐下来和孩子相互交流，听听孩子的心声，让孩子畅所欲言，有时意见分歧时，做为家长，是否会去认真考虑孩子的意见比我们的更完善、更妥贴。如果这样，我们就应该放弃自己的意见，大胆采纳孩子的意见。这是给孩子一次是非认知判断能力的锻炼，既尊重了孩子，又填平了两代人的鸿沟。

爸爸，我向你买一小时的时间

一位叫邹明志的家长说，如果不是那天偶然间听到了"20美金的故事"，我不会反思自己是不是一个合格的父亲。

故事情节是这样的：5岁的儿子问每天忙于工作的父亲，工作1小时可以赚多少钱？父亲告诉他是20美金。儿子对爸爸说："可以借给我10美金吗？"父亲同意了。儿子从衣兜里掏出一大把零钱，并把这些钱和父亲刚刚给他的10美金一起交给了父亲，父亲很诧异："你要我做什么呀？"儿子仰着头对父亲说："爸爸，这是20美金，我可以向你买一个小时的时间吗？明天请您早一点回家——我想和你一起搭积木。"

我会不顾一切去找你

那天在出租车的收音机里，听到这个故事，我流泪了。女儿那年刚满4岁，从她出生那天起，我几乎没有好好陪过她，我总认为自己工作忙，没有时间照顾孩子。其实，真是没有时间吗？答案是否定的。

好在我"醒悟"得不算晚，为了拉近和女儿之间的距离，我主动要求每天早晨送女儿去幼儿园。我家离幼儿园不太远，我决定每天和女儿步行去幼儿园。一路上，我给女儿讲有趣的故事，和她一起唱歌，我让她观察路边的风景，把她举过头顶，让她能够触摸到路边的垂柳。

晚上我尽量按时回家，陪女儿一起看动画片。有一天，我和女儿一起看了动画片《海底总动员》，讲的是一条小鱼因为好奇游向一条渔船，被捕到了船上。鱼爸爸为了找它，遇到了各种各样的危险。终于，历尽苦难，父子俩再次相见了。看完之后，女儿没有像平时那样问东问西，她很郑重地问我："如果我是那条小鱼，您也会像鱼爸爸一样来找我吗？"我肯定地对女儿说："当然，我会不顾一切地去找你，因为爸爸爱你！"

你就像个小公主一样美丽

有一天，女儿很沮丧地跟我说："幼儿园的老师总夸一个女孩长得像洋娃娃一样可爱，可是从来没夸过我。"我望着女儿的眼睛，告诉她："在爸爸眼中，你就像个小公主一样美丽！"女儿搂着我的脖子笑了！

上了小学，女孩子对长相、穿着更在意了，我发现女儿对自己的形象没有信心，那天，我们一家人在电视前看模特表演，女儿一边看一边叹息："她们长得好美啊，我要是能长那样就好了！"我信心十足地说："谁说的，我的小公主要是穿上她们的衣服，比谁差啊！"

我记得书上说过，父亲对女儿的信任和肯定，比母亲更能增强其自信。为了克服女儿对自己形象的不自信，我对她的目光永远充满了信任和赞赏，让女儿时刻有一种认同感和被接受感。

儿童心理指指点点：

心理学家研究发现父母不重视与孩子的相处，会导致孩子性格的孤僻、冷漠，易产生攻击性和行为失控。

随着孩子年龄的增长，他对父母情感上的需求日益增多。孩子特别喜欢父母与他一起做游戏、看图书、给他讲故事、解答他的问题，能得到父母的赞赏和鼓励是他最感快乐的事情。因此建议家长不仅要陪伴孩子，更要保证亲子共处的质量，帮助幼儿建立自信心、独立性，学会如何做人，更好地去适应未来的学习生活和社会生活。

女儿，你是最棒的

讲述人：赵虹，我们做家长的要学会赏识自己的孩子，因为人性中最本质的需求之一就是渴望得到赏识。

一个女孩曾被老师定义为"不是学习的料""什么都考不上"。面对这些"一碗凉水凉到底"的说法，她的母亲没有被吓倒，而是用"赏识教育"把她的女儿送进了大学校门。这位母亲回首女儿这一路走过来的艰辛，不禁感慨万千，给记者讲述了女儿成长的故事。

老师说女儿太差，我说女儿最棒

女儿上小学六年级的时候，一次期中考试过后，我被班主任老师叫到学校，老师说："这次考试，你女儿的成绩太差了，尤其是数学，全班就她一个人不及格。她的逻辑思维能力非常糟糕，看来数学很难再学好了。"

老师的话都是事实，这让我十分难过。我的女儿难道真就什么都考不上吗？我不相信。我没有对女儿失去信心，回到家也没有把不好的情绪表现出来。我记得当时女儿站在门口怯生生地望着我，声音小得像蚊子一样："老师是不是批评我了？"我蹲下来，捋捋女儿的小辫，微笑着说："老师说你挺聪明的，很有潜力，一两次考试失误并不能说明什么，但要认真找出没考好的原因，把算错的题都做正确，下次才能取得好成绩。"女儿似乎不太相信我的话，她等待的"暴风雨"并没有来临，她一个劲儿地问我："老师真是那么说的？你认为我能行？"我给女儿一个特别肯定的回答:"是的,你能行!"女儿紧皱的眉头一下子舒展开来。

女儿平稳地升到了初中,虽然成绩上升的幅度并不大,但进步是不能忽视的,我对女儿说:"又有进步了,真不错,加油!"女儿笑得那么灿烂,对自己充满了信心。

我让老师改变对女儿的说法

初二,数学再一次成为女儿前进的阻碍。一次几何小测验,一共10道题,女儿只做对了4道,老师当着全班同学的面数落了女儿。"

回家后,女儿的情绪极为低落,她哭着说:"老师说我连职高都考不上。"我只能安慰女儿:"老师说的是气话,她觉得你很优秀,没取得她预想中的成绩,她一着急才那样说的,老师的心和妈妈是一样的。"

女儿对我的话半信半疑,仍然不开心,还有点害怕去学校。我知道"解铃还需系铃人"。我到学校找到这位老师,跟她说了情况,她很后悔地说:"那天我说的话,确实太重了,不该这样打击孩子,我知道该怎么做了。"

我很感谢这位老师,她用很委婉的方式向女儿道了歉,在学习中鼓励、帮助女儿。女儿开心地说:"妈妈,你说的真对,老师一直认为我不错,有能力往前上。"我和女儿默契地击掌:"耶!加油!"

儿童心理指指点点:

在社会上有这么一句笑话,"说你行你就行,不行也行!说你不行你就不行,行也不行!"对家长们教育孩子来说这是一句确确实实的真理啊!你常夸孩子这个好那个不错,你会发现他真的变好了,你要是天天责骂孩子这不行那不行,你的孩子会越来越差的。别怕夸孩子他会骄傲,如果他没达到第一怎么会骄傲呢,他只会不断进步。

用我们中国老百姓的话讲就是渴望被关注,被重视,被看得起。我们的孩子们当然也不例外。学会赏识,正是击中了我们现行教育的根本弊端——抱怨!请您记住!教育孩子的时候要用你的拇指别用食指!

臭小子，长大了

讲述人：张明圣，某中学高一学生
讲述人：黎晶晶，某高校大一学生
讲述人：薛子俊，某中学高二学生

很多家长打来电话，说他们曾经为了阻止孩子早恋，做出了很多伤害他们感情的事儿，现在想来确实有些后悔。而下面这三个曾经有过早恋经历的孩子却是幸运的——他们的父母既开明通达，也很有智慧；既理解孩子的情感，又用合适的教育方法帮助孩子度过了青春萌动的岁月。

了解和信任她的女儿

讲述人：张明圣，某中学高一学生

初三毕业那年，曾经和我同桌过的男孩对我说："我喜欢你！"我当时非常理智地告诉他："我不能接受你的感情，我们都还不成熟。"可是接下来他的一句话感动了我，他说："我很早就想和你说这句话了，可又怕耽误你的学习。"我觉得这是一个善解人意的人，也是一个值得信任的人。

回家后我和妈妈说了这件事儿。妈妈没有像其他家长一样一谈早恋而骤然色变，而是心平气和地问我那个男孩的情况，妈妈说："你们既然彼此欣赏，我不反对你们在一起，但是你要有充分的心理准备，两个人交往，要面临的问题很多，如果发生矛盾，或者某一方的感情发生变化了，你能承受得了吗？如果你发现男孩身上有很多你以前没发现的缺点，你能接受吗？"我从来没想到过恋爱会存在这么多问题，但是我还是点了点头。

初三毕业晚会后,我和同桌男生去看了电影,当时已是晚上9点多了,男生的母亲每隔半个小时就打来一次电话询问,而我妈妈一个电话都没给我打。回家后,我问妈妈为什么没有问我和谁在一起,在做什么?妈妈的话让我记忆深刻:"妈妈相信你,同样相信你的同桌男孩!"我把这话告诉了男孩,他说:"阿姨这么信任我,我不会让她失望的!"后来和妈妈聊起这件事,她说,她是用信任给男孩一些压力,以防我们做出什么出格的事情。其实,那天晚上,妈妈并不像我想的那样镇定,在屋里来回踱步,她没有打电话,是因为她了解和信任她的女儿。

和同桌男生相处了一段时间,那种最初的感觉没有了,这时我才知道,我们之间不是爱情,充其量不过是一次"爱情体验",当体验结束后,我们又回到了正轨,开始了新的生活。母亲对我的信任让我安全度过危险期。

妈妈向我说对不起

讲述人:黎晶晶,某高校大一学生

高二时我也经历过一次情感:当班上那个最帅的男孩提出放学要送我回家的时候,我的心简直要跳出嗓子眼儿了。那时的我是懵懂的,不知道该怎样把"恋爱"带来的快乐和疑问向谁诉说,我想告诉妈妈,可是她非被吓着了不可,怎么可能倾听我的情感故事,我只好把心情写在日记里。

妈妈还是知道了,她总是会以抽屉要修、换把锁之类的理由想方设法地打开我的抽屉,翻动我的日记本,我对她的行为很反感。那天,我正在房间里看那个男生给我写的情书,妈妈突然进来,抢去了我手中的信,我冲妈妈喊道:"你就不能让我有点秘密吗?"妈妈怔住了,我一下把信抢了下来,从七楼扔了下去。从此,我对她完全不信任了,想要和她倾诉交流的念头全都没了,并且开始处处提防她。我的警惕更加增添了她的怀疑,她开始要求送我上学,接我放学。那时我的叛逆情绪达到了极点，她越管我，我越不听，妈妈上有"政策"，我下有"对策"，誓将"早恋"进行到底，直到我进入高三。

后来，妈妈似乎"醒悟"了，不再偷看我的日记，不再问我是不是恋爱了。那天我们进行了一次坦诚的谈话，妈妈真诚地对我说："妈妈以前做得不对，妈妈向你道歉！"我怎么也想不到妈妈会对我说声"对不起"。之后的日子，我试着和妈妈诉说在感情上所遭遇到的问题，妈妈的解答让我轻松不少。她说我已经长大了，不反对我们在一起，愿意接受那个男孩作为我的朋友。妈妈这样的态度反而让我对自己作法进行了反省，我们俩做出了一个决定：为了彼此的前途，先把感情放一放，努力学习考上大学才是当下最该做的事。如今，我和那个男孩一起考入重点大学，回过头看看，最感谢的是妈妈。如果没有妈妈的宽容和理解，我真不知道结果会怎样。

我把这份情感埋在心底

讲述人：薛子俊，某中学高二学生

高一时我喜欢上了同班一个女孩，不小心让爸爸看到了我写给女孩的"情书"。秘密被揭穿后我心里很不安，但爸爸没有批评我，而是摸摸我的头，调侃地说："臭小子，长大了，有喜欢的女孩了？"我没想到爸爸会是这样的态度，我感动得直想流泪。那天，我和爸爸进行了一次深入的谈话。

父：你是不是觉得那个女孩非常优秀？

子：是的，她单纯可爱，我就是喜欢她。

父：爸爸相信你的眼光，也不反对你谈恋爱。但爸爸要提醒你，这女孩是你目前为止认识的最优秀的一个，对吧？可是，你将来会有更多的机会认识更多的女孩，比如，你想留学深造，你还会遇到更多更优秀的女孩，到那时你该怎么办？你会不会后悔？如果你见异思迁，那不是男子汉所为，也会给女孩带来很大的伤害。

子：可是，现在让我离开她，我很痛苦。

父：你初三时买的 MP3 呢？

子：前两天，您给我买了个 MP4，比原来那个好多了，以前那个就给二舅家的弟弟了。

父：这就是"喜新厌旧"。东西可以随意换，但对感情却不允许见异思迁。你们现在的选择，是在彼此都不成熟的情况下的选择。你们今后面对的世界肯定会比今天更宽阔，到时候你们的选择会比今天更理智，更适合你。

一位很有生活阅历的长者说过这样的话，在子女婚事上，多数情况下父母的意见都是正确的，因为他们都是过来人，很少判断失误。但是，最后的胜利者往往都是子女，因为最终的决定权掌握在他们手里。这是一个悖论，是一个永远无法解决的矛盾，只有时间能证明孰对孰错，但却为时已晚。

爸爸说得很有道理，我把对女孩的特殊感情像一颗种子般深深埋藏心底。

儿童心理指指点点：

青春期儿童绝大多数是中学生，正处于最冲动、敏感、倔强又最脆弱的年龄。青春期儿童的心理健康，这个越来越严重的问题，再也容不得半点忽视了。

不过如今时代不同了，"男女授受不亲"、课桌上的"三八线"早已成为历史，但这并不代表学生们堕落，家长和老师们不应固步自封而应积极与学生们沟通引导。中学生对早恋有自己的看法，而家长和老师只是一味说"早恋是可怕的"，也不问问孩子们对这个问题的看法和意见，令孩子们感到无所适从。

学生恋爱的主要目的是情感交流和追求，这与成年人的恋爱观完全不同，因为他们早恋可不是为了婚姻，也许还谈不上是"爱情"呢，因此也不能用成年人的视角来简单看待这个问题。

如果只是青春期的萌动，对异性好奇而产生交往，倒不必大惊小怪。如果能及时发现并转移他们的注意力到学习上来，对于孩子们追求美好生活，鼓舞奋进的理想倒能起到很好的作用。

女儿也可以惩罚我

讲述人：于力，新华社记者；妻子赵颖，大学教师；女儿于朗宁，小学四年级。

家庭教育的成功是家庭幸福的保证。

从女儿呱呱坠地，我就对这个小生命有着太多的期冀。但期冀不等于"速成"，绝不能做"揠苗助长"的蠢事。只有给孩子营造愉快的成长氛围，让孩子在没有压力的环境中成长，才能取得事半功倍的效果。

让爱静的女儿学会玩儿

女儿刚上小学时，班上的同学都参加各种补习班，大多学的是文化艺术类课。我和妻子研究决定，让女儿先学游泳，再学乒乓球。女儿的性格喜静不喜动，小小年纪没事的时候喜欢"猫"在家里看书，学游泳是为了让她爱上体育运动。运动让人学会释放，爱上运动性格会变得开朗起来。

不是为了走专业道路，没有功利目的，女儿学习游泳自然没有压力，相反，在水里自由嬉戏对她来说是一件十分快乐的事。到现在，女儿学习游泳已经三年了，已经是沈阳市体育运动学校水上游泳队的学员了。每天放学后，她都要接受两小时的游泳训练，每次要游 4000 多米。女儿说她很喜欢这项运动，一点不觉得累，她喜欢在水里的感觉。

从女儿学游泳开始，她的体质变得特别好，身体也很灵活、协调，而且成了学校运动会的主力，她的老师都很惊讶：一个以前从没参加过运动会的女孩竟然成了全校长跑冠军。

我和女儿展开生活习惯大比拼

孩子放寒假曾经让我很伤脑筋。放假，打乱了孩子有规律的生活，早晨不爱起床，学习没了计划，体育锻炼也搁置了。于是，我就给女儿制定了一个假期计划，但女儿好像并不感兴趣。我很着急。

于是，我想了个办法：在我们家开展一场别开生面的生活习惯评比活动。

我画了一张大表格，写上各个评比项目，比如：女儿要早晨7点起床，7点10分—8点40分体育锻炼……女儿按要求做到了，就给她画上一面小红旗外加精神鼓励，如果做不好，就毫不留情地画上小黑旗。

我比较胖，制定了减肥计划，由女儿监督我实施，并每天晚饭后散步半小时，有一天我工作太累，女儿再三催促，我还是耍赖偷懒没去散步，结果被女儿在当日表格里画了一面小黑旗。她还学着我的样子，告诫我下回要注意。

儿童心理指指点点：

家庭环境在人的成长发展过程中起着重要作用，对人的影响最深刻，家会给孩子的心灵上留下记号。瑞典教育家爱伦·凯指出：环境对一个人的成长起着非常重要的作用，良好的环境是孩子形成正确思想和优秀人格的基础。

从某种意义上说，环境是幼儿重要的生存条件。所以，温暖和谐的环境能使儿童性格活泼，行为具有理性，并善于交往。成人应该为儿童的成长提供一个适宜的环境，一个充满关爱和自由的环境。父母要爱护子女，对孩子尊重和信任，和孩子像朋友一样相处，应少一些"专制"式的做法，建立起没有压力、新型的、民主的家庭关系。

两个智慧妈妈

> 教育孩子是需要有心思的，但只要你能做到：爱孩子，尊重孩子，理解孩子，懂得孩子，那么你离成功已经不远。

你的孩子在课堂上看"违禁"书籍，被老师逮个正着，你会如何处理？你的孩子淘气淘出了"格"，你该怎么办？下面"口述实录"的这两个小故事也许会给你一些启发。

那不是"爱情故事"

女儿上初二了，正值青春期，我很担心女儿能否顺利度过这个时期。那天老师给我打电话，让我去学校一趟，说女儿上课看爱情故事书，我脑袋"翁"地一下，像炸开了一样，都不知道怎么去的学校。

到了学校，老师说："你家孩子上课的时候看这本《十七岁不哭》，这完全是一本爱情小说，你回去要严厉批评她。"回到家，我气愤极了，就想等女儿回来后怎么收拾她。但当我冷静之后，我仔细阅读了这本被老师"收缴"后交给我的"爱情故事"书。读过之后，我发现，书里讲的不是爱情故事，它讲述的是几个高中生学习和生活中的故事。其中的故事情节别说孩子了，就连我这个做家长的都被吸引了。

女儿回家后，低着头问我："妈妈，你说那本书算是爱情故事吗？"我望着女儿，肯定地告诉她："那本书不是爱情故事，你的老师说得不对。"女儿猛地抬起头，眼里马上有了光彩。过了一会儿我又问她："那你就没有错误吗？"女儿说："我不该在课堂上看，我以后不看了。"

因为我是团长

遇到上面这种情况，做家长的既要细心又要耐心，要有自己的独立见解，对孩子做的合理的、正确的部分应该给予肯定。

冬天，我家楼前有一处煤堆，下了一场大雪之后，白皑皑的一片。没想到，儿子相中了这块"宝地"，带领一帮孩子，要占领这个"山头"。

儿子不知道从哪找来一面红旗，并自命为"团长"，给每个小朋友都封了一个"军衔"，有连长、排长，"编制"还挺齐全。出发前，儿子高喊口号："眼前就是雪山，我们只有翻越这座山，才能取得长征的胜利，同志们冲啊！"

小朋友们叫喊着一起往上爬，可这"山"是煤堆成的，往上一爬，煤夹杂着雪就往下滚，煤烟四起，几个小朋友都不爬了，只有儿子继续往上爬。到达"山顶"后，还摇着红旗，大声喊："我们胜利啦！"

正巧我买菜回家，看见一个小黑人儿站在煤堆上，细一看是儿子，我立刻就火了，叫他立即下来。儿子显然还沉浸在"胜利"的喜悦中，我一看儿子从头到脚都是黑的，早上刚换上的衣服从里往外都是煤灰。气得我真想打他，我呵斥他："人家孩子都不玩了，你怎么还玩？"儿子头一扬，很严肃地说："因为我是团长！"我一下子惊呆了，气也消了，摸摸孩子的头，笑着说："儿子，好样的！咱是团长，就要坚持到最后。但咱以后不爬煤堆了，要攀登真正的高峰。"

儿童心理指指点点：

孩子的成长包括很多的方面，比如孩子的道德品质培养、个性智力的发展、意志品质的锻炼、正确做人的修养等。可以说每个方面都很重要，哪个方面都不能忽略。但是不论哪个方面，不考虑孩子的特点，恐怕永远也不会达到预期的效果。在这当中，给孩子创造一个宽松良好的环境至为重要。换句话说，要让孩子在没有心理压力下自由在地成长。

和网络争夺儿子

孩子上网问题现在成了社会各界争论和关注的焦点，孩子上网到底有无危害，这是每个父母都为之忧心的事情。在这里我们将会得到答案。

儿子上小学六年级了。前一段时间，班主任老师给我打电话，说儿子这几天中午一下课就跑去上网，快上课的时候才回来，说我这个当父亲的得好好管管了。我和很多家长一样，谈"网"色变，一听老师这样说，我真是气得够呛。但是我知道必须冷静，粗暴的方法解决不了任何问题。

静下来想想，现在的孩子不像我们小的时候，可以和兄弟姊妹、邻居亲戚一起玩耍嬉戏，所以网络往往成为他们的寄托。其实，让孩子正确认识网络的利与弊，让网络成为孩子的良师益友并不是梦想。

告诉儿子：网络不是坏东西

儿子放学回来，我没有和他说老师打电话的事。我问儿子："跟爸爸说说，网络的好处是什么？"儿子振振有词地给我讲道："网络开阔了我们的眼界，网络缩短了世界的距离，网络让人们的生活方便快捷，网络……还能让人娱乐和放松。"儿子的最后一句话说得很没有底气，我说："网络的好处很多，当然也有娱乐的功能，你说的一点没错，但是为什么老师和家长不让你们上网呢？"儿子不吱声了。"什么事情都有个度，一过这个'度'就不好了，好的东西也变坏了。"儿子点了点头，信誓旦旦地说"老爸，你放心，我绝对不会让好的东西变坏的。"听见儿子这么说，我挺高兴。

要去就去合格网吧

和儿子谈过一次之后，我以为儿子不会再去网吧了，可是儿子的老师又打电话来了："你儿子这几天中午又去网吧了。"看来，一次谈话管不了几天，还得进行深入教育，还得动之以情。

晚上儿子回来，我说："儿子，爸爸带你去上网吧。"儿子惊讶地望着我，我说："老爸挺土的，还不会上网呢，你教教我吧。"我和儿子来到了网吧，儿子一样一样地教我，看到儿子能熟练地操作电脑，我挺高兴的，这是知识啊，像我们这一代人就没有他们幸运。我一边夸儿子，一边让他观察网吧里的环境和人，我说："儿子啊，这里怎么乌烟瘴气的啊，爸爸前几年就把烟戒了，是怕你间接吸烟而影响身体，可是你不顾老爸的一番苦心，又跑到这来甘愿受害！"儿子有点不好意思了，我又说："这里有很多孩子没日没夜地玩，不少人都辍学了，和家人闹得不愉快，也没有了朋友，你愿意像他们那样吗？"儿子羞愧地说："爸爸，我就是中午的时候来放松一下，我没逃课。"我笑着说："谁说不让你玩了，爸爸支持你玩，学习太累的时候，适当的放松是必要的，不过像这样不合格的网吧咱可不来，对身体不好不说，还容易学坏，走！爸爸带你去一家好的网吧。"我早就踩好了点，在我单位附近有几家无烟网吧，环境很好，人员也不杂，很适合孩子学习和放松。

儿童心理指指点点：

孩子的上网问题，近年来成为社会各界争论和关注的焦点。有人认为，上网给儿童带来不少危害。但是孩子上网聊天，只要是在正常的范围内，不影响学习和生活，都可以视作是一种正常的需要。没有必要进行干涉。

家长应该对"网瘾"有正确和科学的了解，理解孩子，要把握与孩子沟通的技巧。家长也可以适当地与孩子共同学习使用网络，这样既可以亲身体验网络，又可以找到与孩子的共同语言，拉近彼此间的距离。

孙女的作文
拯救了她爸爸

一位老奶奶给记者打来电话，她说："我想讲述一段我儿子和孙女之间的故事，孙女的一篇作文拯救了我们这个将要解体的家。"

我儿子头脑很灵活，前几年下海做生意赚了不少钱，公司的发展很迅速，儿子成了大老板。可是好景不长，一次投资失败，儿子的公司一夜之间就倒闭了，儿子被突如其来的打击压垮了。我和儿媳都安慰他："别灰心，跌倒了再爬起来，以前咱们也是白手起家啊。"儿子一句都听不进去，不是坐那发呆就是喝得烂醉。

对于家里发生的事情，我们尽量瞒着刚上小学四年级的孙女，不在她面前提一句。9月末，孙女学校进行月考，作文的题目是《我想对你说……》，我问她，你写的是对谁说啊，她说我写的是对爸爸说。从孙女的眼神里，我感到孙女似乎知道了家里发生的事情。

过了几天，我到孙女学校，向老师说明来意，想看看孙女写的那篇作文。老师对孙女的作文很欣赏，对我们家庭的遭遇也很同情，把孙女的作文卷子给了我。我一看，孙女的作文得了23分，就差一分没得满分。看完了孙女的作文，我老泪纵横，她是这样写的：

爸爸，我想对你说……

爸爸，我想对你说，你在我心中一直都那么高大，你是一个真正的男子汉：你孝敬奶奶和姥姥；你为了我和妈妈能生活得更好而整日奔波；你对我的要求很严格，总鼓励我好好学习。

可是，最近你好像变了，也不关心我了。我听到你给别人打电话，知道你天天打麻将，输了好多钱。妈妈天天哭，奶奶的心脏病也犯了好几次，妈妈把家里所有的钱都给你了。

爸爸，为了我们这个家，为了奶奶的希望和寄托，您别再赌了。我相信你一定可以做得到的，因为我知道你爱我们大家，我们是相亲相爱的一家人。

爸爸，我想对你说：我爱你。

回到家，我把这篇作文拿给儿子看，儿子拿着女儿作文的手在颤抖，读完孙女的作文，他失声痛哭："我以后不再赌球了，为了女儿，为了咱们这个家。"这句话，我们等得太久了，我们一家人抱在了一起。

记者感言：女儿的爱感化了陷入迷途的父亲，保住了这个面临破碎的家。有一位颇有生活阅历的老人说过这样一句话：家庭幸福非常脆弱，任何一个家庭成员的任何一点过失或错误，都会轻而易举打碎它。家庭幸福需要每一位家庭成员的精心呵护，不要等到失去的时候才知道珍惜。

儿童心理指指点点：

对孩子们来说，家庭是最具亲和力、最有安全感、最自由的地方，是真正属于"我的地盘"。就学校、家庭、社会三个环境而言，孩子在家庭中度过的时间有1/3之多。而且，对于心智正在发育的儿童来说，家庭的影响甚至超过了社会。家庭环境对一个人的成长影响是巨大的。爱孩子是父母的天性，孩子最需要的心理营养素就是"爱"。"爱"的范畴很广，包括父母之间的相爱，对孩子的疼爱，对朋友的友爱，对老人的敬爱，对邻居的关爱等。

家庭成员之间能互相尊重爱护、以礼相待，为人处事通情达理，使家庭氛围安定和睦、融洽温暖、民主平等、愉快欢乐，这样才能给孩子留下和谐完整的印象，给孩子以信任感、安全感和幸福感。一个健康的家庭，需要用爱来营造。爱是人类追求的目标，爱是人类最美好的情感，作为父母，需努力给孩子营造这种爱的氛围。

家长：
一不小心犯了错

> 儿童的心灵是非常脆弱的，一句看似平常的"语言"——夸奖、呵斥、赞美都将对其产生很大的影响。

在孩子的成长过程中，家长的一句呵斥，一些不在意的行为都会给孩子带来很大的影响。孩子的行为是具有模仿性的，孩子的心灵是脆弱的，作为家长的您应该怎么做呢？在这里讲述的一些小故事，也许能给您一些启发。

你也不能放弃

女儿6岁了，体型和乐感都非常好。我看她是学舞蹈的材料，就送她到少年宫学习舞蹈。没几天，女儿哭喊着说啥也不去了，说学舞蹈太累了，我和她爸爸轮番上阵，给女儿讲知难而进的道理，告诉她遇到困难时应该勇于克服困难，不能轻易放弃。女儿最终被我们说服了，重新回到了舞蹈课堂上。

那时候，我正在学开车。时值夏天，整天在外暴晒不说，还要忍受教练的批评，真是很辛苦。晚上回到家，我对丈夫抱怨："学开车太辛苦，不愿意去了。"丈夫也说如果太辛苦就别去了。就在这时，女儿说："你们大人遇到困难怎么就可以放弃呢？我怎么不行呢？"

我和丈夫都无言以对。

记者感言：父母是孩子的第一任老师，身教胜于言传的道理最简单不过了。孩子遇到困难的时候，被家长告知一定不能放弃，但当家长遇到困难的时候呢，随随便便就放弃了，那之前对于孩子的"言传"还有意义吗？孩子以后对家长的话还会信服吗？家长一定要在言行方面在孩子面前作表率，树立一个榜样的形象，孩子的眼睛在看大人是怎么做的同时，就一定会规范自己的行为，这样，对孩子的成长是极其有益的。

应该得100分

女儿上小学了，第一次期中考试，女儿数学得了92分，把成绩单拿回来的时候，我很不满意，随口说了一句："怎么没得100分啊，小学数学都应该得满分才对啊。"

转眼到了期末考试，女儿回到家，很难过的样子，我问女儿："没考好吗？"女儿回答说："妈妈，我考得不好，才考了98分，没到100分，我以后会努力的。"

望着女儿，我自责极了，女儿已经有了很大的进步，她还责怪自己没得满分，完全没有看到自己已经进步了6分，就是因为我那句"应该得100分"，让女儿背上了包袱，认为只有得100分才是好成绩。这样要求孩子了，会让孩子永远看不到自己的进步，总是对自己不满意。

记者感言：家长的一句话让孩子有了评判成绩最高的标准：是不是得了100分。如果没有得到满分，就没有达到父母的标准，孩子就会很难过，会在心里产生"我不行，我不是好孩子"的念头，这种念头如果根深蒂固，会抑制孩子的发展和成长，甚至产生自卑等性格缺陷。家长应时常给孩子适当的鼓励，例如"你是最棒的！"增强孩子的自信心，有了健康的心态才是做好一切事情的基础。

长得漂亮有什么用

女儿长得很漂亮，这让我很自豪，但也越来越让我担心，我怕她会觉得自己长得好看而忽略了学习，我也担心她因为被人夸奖漂亮而洋洋自得。有时带她出去，同事、朋友们都说："你女儿可真漂亮，像个小仙女。"每当这时，我都会不由自主地脱口而出："长得好看有什么用，学习成绩不好也白搭。"

一次，无意中看到女儿的日记，她这样写道："妈妈总是说，长得好看有什么用？好像我学习不好的原因都是因为长得好看，我好难过。我真希望自己长得难看点，学习能好一点，可我已经很努力了，如果学习成绩可以和外貌交换就好了。"

我本以为在外人面前"损"她，会激励她，没想到起了反作用，女儿把自己长得漂亮当成了一种负担，在心里留下了阴影，我恍然大悟：人与人之间的交往应该互相尊重，对孩子也是一样的啊。

记者感言：有些家长喜欢在人前贬低自己的孩子，主要是害怕孩子听到了表扬会忘乎所以。家长适当的批评，也许能给孩子一些提醒，但是，如果家长不顾场合，随意地指责、批评孩子，不仅达不到预期的效果，反而会使孩子产生自卑情绪和抵触心理。

当家长面对别人对自己孩子的表扬时，虽然不必全盘接受，但是可以表达自己的谢意。如果别人真的有些过于夸大的地方，等回到家中，再给孩子提出来，以免孩子盲目的乐观和骄傲，而只看到自己的优势，不凭自己的能力去做应该完成的事，或者更有甚者，自高自大得迷失人生方向。

儿童心理指指点点：

是的，孩子们的心灵都是脆弱的，他们希望得到支持与理解，每一句鼓励的话语，都会让孩子信心百倍，但是一句粗暴的呵斥，则足以使他们的自尊心受到极大的伤害。会让孩子产生自卑的心理，自卑对孩子的心理健康会产生负面影响，更对一个人的身心两方面的正常成长起消极作用。轻易地否定自己的孩子，对他们的能力表示怀疑，是非常可怕的一件事情。"傻、呆、笨、坏"，在孩子的心中是最严厉的判决，无情地将他们变成了一个家庭或学校的"另类"，在与周围环境格格不入的同时，他们的心灵世界也会变得一片灰暗。

爱迪生小时候被老师列入"笨孩子"之列，但他母亲一直在鼓励他，说他会成功，终于，爱迪生成了一位伟大的发明家。其实，每一个孩子都是天才，只是我们许多家长缺少发现，缺少培养的方法，而使"天才"与自己的孩子擦肩而过。

心理学家经过长期研究认为，儿童时期是培养健康心理的黄金时期，各种习惯和行为模式，都在这时奠定基础，如果在此时忽略了孩子的心理卫生，那么，孩子成人后有健全的人格和健康的心理就比较困难。

学习不好
就不是你的女儿了吗

期末时，检验孩子学习成绩的各种考试将不期而至。怎样对待孩子的学习成绩，无疑也是对家长的一次考验。孩子考好了自然皆大欢喜，疼爱有加。万一孩子考得不好，您会怎样？

昨天，一位初三的女孩给本报记者打来电话，她说："明天就要考试了，我很害怕，考得不好还会重复上演一场场'恶梦'，我很困惑也很无助，我想问妈妈一声，你为什么不信任我呢？"面对这位女孩的忧虑、恐惧和困惑，我们做家长的确实应该好好反思一下了。

第一次期中考试，我的成绩不理想，这在我的意料之中，但妈妈看到我这个成绩之后，情绪如山洪一般爆发了，她拿着成绩单愤怒地问我："你是怎么了？你都想什么呢？你把心思都放在哪儿了？"

一连串的责备让我难以招架，没容我说明情况，她就说："看来我是太相信你了，明天我去学校问问你们老师，看你到底怎么回事！"

第二天，我还一直处在惊恐之中，第二节课下课之后，我看到妈妈和班主任老师在交谈，妈妈的脸上没有一点儿笑容，紧锁的眉头让我不寒而栗。临走时，班主任老师对我说："晚上你妈妈让你回家去住！"（我家离学校比较远，平时我住在姑姑家。）

晚上回到家，没有人在门口迎接，没有人帮我拿书包，和往日截然不同，我隐约感到一场暴风雨将会来临。妈妈从里屋走出来，在昏暗的灯光下，她的脸已经扭曲了，带着讽刺性的语气说："你的能耐愈来愈大了，上课都不注意听讲了，我说你的成绩怎么下降那么快呢，自己连原因都找不到，你说你都到什么程度了！"

"谁说我没注意听讲，我听讲了！"

"你别跟我犟，老师能说瞎话吗！什么时候添这么多毛病，还狡辩。"

……

从那天起，妈妈让我回家住，她说："以前让你在你姑姑家住，是怕你浪费时间，我看你根本不在乎时间，你还是回家住吧，我还能看着你点，省得胡来！"天啊，妈妈对我连最起码的信任都没有了，在她的心中我已经堕落成一个爱"胡来"的女孩。不仅如此，每天回到家，妈妈问我的第一句话就是："今天注意听讲没有？"

我现在不想见到妈妈，她的不信任让我难过，她的"教诲"让我诚惶诚恐，学习的时候都胆战心惊的，我的成绩基本没有什么提高。

明天，又要进行考试了，我不知道结果会怎样。我只想问妈妈一声："学习不好就不是你的女儿了吗？你为什么一点都不信任我呢！"

记者感言：当孩子遇到困难解决不了时，他们多么希望父母理解并给予帮助啊！讽刺嘲笑、过火的批评、大声呵斥和粗暴责问，会使孩子精神异常紧张，不仅会加重孩子的沮丧情绪，而且会使孩子感到束手无策，失去战胜困难的勇气和信心。我们何不照着全国著名教育专家徐国静老师的指导去做：当孩子遇到困难的时候，家长要蹲下来，搂着孩子，望着他们的眼睛告诉孩子："你一定能行！"

儿童心理指指点点：

追求信任，这是一种积极的心态，是每个正常人的普遍心理，也是一个人奋发进取、积极向上、实现自我价值的驱动力。孩子对父母有特殊的信任，他们也特别希望能得到父母的信任，像朋友一样和父母平等的交流。他们认为，只有父母的信任，才是真实、可靠的。

父母的信任意味着压力、重视和鼓励，这是真正触动他们心灵的动力。从教育效果看，信任是一种富有鼓舞作用的教育方式。父母应该信任孩子，做他们的朋友，从而更有利地教育好孩子。

儿子的心为何
如此冷酷

一个风雪交加的晚上，记者接到了一位父亲的电话，他的声音有些颤抖："我和儿子吵架了，我说了他几句，他收拾东西走了，外面还下着雪，他穿得那么少，也不知道冷不冷……"

第二天早上，记者在编辑部见到了这位父亲。他虽然才 40 多岁，但一望便知，生活的艰辛使他看上去比实际年龄要大许多。

这位父亲从那个雪夜儿子出走，给我们讲起了他和儿子之间的故事。

一点儿小事，儿子离家出走

厂子倒闭后，我就在太原街、北行一带骑人力车，挣点拉脚钱，养活这个家。那天晚上回家，儿子说要吃麻辣豆腐，我跟他说，我和你妈都不能吃辣的，你要吃给你另做吧。儿子一听有点不愿意，摔门而去。我在外面累了一天，拉脚又受了点委屈，就冲儿子发了火："你要不爱在家待，就出去，省得我看着闹心。"

话刚说完，我就后悔了，可是已经晚了；儿子进屋就开始收拾东西，我一看糟了，就使劲拽他不让他走，他年轻力壮，我根本拽不动，我从后面抱住他，他一使劲儿，把我甩出老远，走出家门说的那句话，我这辈子都忘不了，儿子说："这么多年，净跟你们受苦了，我没过上一天幸福的日子。"听完这话，我整个人都瘫了。儿子，爸爸真的没给你幸福吗？

这么多年爸爸都为了你

他母亲在他 1 岁的时候就患了严重的精神分裂症，生活完全不能自理，给吃就吃，给喝就喝，没有一点思维和情感，儿子从来没有享受过母爱，我们这个家跟单亲家庭也差不多。正因为这样，我总觉得对不起儿子，对儿子已经到了溺爱的程度。为了弥补儿子，我尽可能满足他的要求，别人家孩子有的，咱家孩子一样不缺，有时候甚至比别人还多。

儿子上小学的时候，我还有工作，每天上半天班，上午的半天班一结束，我就急急忙忙从单位骑自行车到西塔批发雪糕，然后再驮着两大筐雪糕到太原街的市场去卖。赚的钱都给儿子买了衣服和玩具，他的玩具多得连几个大号洗衣盆都装不下，邻居家的孩子都到我家来玩。

我感觉物质上真没亏他什么。你看我身上穿的这件衣服，是儿子上初中的时候，我给他买的。那时候，他说看日本的电视剧，剧中的男主角都穿这样的衣服，我加班加点地干活挣钱，给他买了这件衣服，可他穿了没几次就不喜欢了，我一看还挺新，扔了怪可惜的，就拿来穿了。这么多年，我拼命地干活，有苦不能说，有泪不能流。为了这个家，为了儿子，这些都不算什么，可儿子却说"没过上一天幸福日子"，我揪心地难受，生活已经如此了，我能改变的也就这么多了，也许我真的欠儿子太多……

借手机给儿子发短信

当我回过神来，我马上找儿子的电话本，给他的好朋友家打电话，我知道儿子没有别的地方去，我拨通了电话，他的朋友说："他刚到。"听到他平安，没有挨冻我就放心了。

第二天早上，我给儿子打电话，想让他回来，可他根本不接我的电话，他不接我就继续打，电话传来忙音，我知道他不想接我的电话。

我绝望了。儿子是我的全部寄托，而儿子却在父亲破碎的心上撒了一把盐。

我满怀悲伤地在大街上走着，失魂落魄。看到有年轻人拿着手机发短信，我真想跟儿子说几句话，可我又不会操作。我找了一个女孩，说明情况，让她帮我发一个短信，我对儿子说："儿子，别生爸爸的气了，昨天的事都怨我。看在你妈妈有病的份上，回来吧。爸爸是爱你的。"

我晚上回到家的时候，儿子已经在他的房间里了，看到儿子回来了，我悬着的一颗心终于放下了。儿子虽然回来了，但他仍然不理我。我怎么也不明白，这20来年，我含辛茹苦地把他养大，怎么换来的是怨恨呢？

记者感言：我们含着眼泪听完了这位父亲的讲述。我们和这位父亲一样困惑：种瓜为何得豆？都说"穷人的孩子早当家"，可现在有不少"穷人的孩子不懂事"，做出了让父母极为伤心难过的事。问题究竟出在什么地方呢？从这位父亲的讲述中我们似乎可以看出一点端倪，是溺爱造成了孩子的心理失衡，导致了孩子对父亲的"以怨报爱"。到了现在这份上，这位父亲还在自责自己"也许真的欠孩子太多"。看来，贫困家庭如何教育孩子的问题，真的是应该提到日程上来了。

儿童心理指指点点：

看了这样的故事，让人心里很不是滋味。记得有一个故事，有个孩子说："我们家很好，我爸爸爱吃鱼尾巴，我妈妈爱吃鱼头，我爱吃鱼身子。"其实，哪有只爱吃鱼头鱼尾巴的父母呢？不知道感恩的孩子，又怎么会有对父母的爱呢？

是的。一些父母的爱，的确是有问题的。鸦有反哺之义，羊有跪乳之恩。不懂得感恩，就失去了爱父母的感情基础，连自己的父母都不爱，又怎么可能爱他人、爱社会？一个孩子如果心里没有爱，他的聪明、勇敢、坚强、无所畏惧等品质越是卓越，将来对社会构成的危险就越可怕。

"谁言寸草心，报得三春晖。"爱要学习，爱是从学习中来的，也只有真正的爱，才能让孩子感动；被真爱感动的孩子，才会懂得感恩；懂得了感恩的孩子，心中自然会有爱。

儿童生活中的基本心理就是一种对舒适、稳固、可靠和安全的要求和渴望。这种渴望，很大程度上是通过父亲这个角色的信任和依赖来满足的。从儿童心理学的角度来说，这就迫切需要让儿童"重新发现父亲"父亲这一角色会对孩子的心里产生极大的影响。当我们环顾我们生活的世界，我们发现，扮演儿童父亲角色必须得是严厉的但是也要不缺乏爱心的，和孩子深入地沟通，这样孩子才能在心里上接受父亲。

父亲的责备是阳光，父亲的批评是阳光，父亲的鼓励是阳光……我们要感谢"阳光"，是你让我们懂得了做人的道理，是你教会我们很多做人的知识，也是你让我们如此坦然地面对挫折与失败。

父亲都干啥去了

武汉市举行了一次"给我一点时间"中小学生作文比赛，4200名五年级学生中，超过70%的学生不约而同地选择了一个共同的题材——将妈妈刻画成"母老虎"、"河东狮吼"等形象，因为妈妈整天让他们学习，逼他们做功课。

孩子都是母亲管，父亲都干啥去了？

男孩"娘娘腔"缘于"父爱饥渴"

所谓"父亲角色缺位"，是指很多家庭的父亲在家教中没有发挥应有的作用，而是把教育孩子的责任推到母亲身上，认为妈妈教育孩子天经地义。心理学家指出，从幼儿园到小学、中学，女性教师占据绝对优势，已经对孩子的全面发展带来了隐性影响。如果父亲不参与到孩子的日常家庭教育中，孩子未来成熟的人格构建将成为很大的问题。

在调查中，小军母亲告诉记者，儿子缺乏男子气概，同学们都嘲笑他是"娘娘腔"。据小军母亲介绍，小军父亲是军人，常年不在家，孩子和母亲生活在一起，母亲工作忙时，便由外婆照顾。由于很少和男性接触，11岁的小军表现出女孩的性格，他害羞、敏感、多疑、不敢承担责任，做事也畏手畏脚。

心理学家分析：男孩出现"娘娘腔"主要原因在于父亲，他们患上了"父爱饥渴症"。多数父亲由于工作关系，与孩子接触的机会与日俱减，从婴幼儿到青春期的成长过程中，男孩儿往往被母亲、女老师所"包围",男子汉气概成了他们人格构建中的稀缺元素。加之现在的男孩子户外运动少,长期跟电视、电脑打交道,容易变得自私冷漠。专家认为,男孩的性别意识越早培养越好,特别是父亲对儿子有很重要的榜样作用,父亲应多抽出时间与孩子在一起。

爸爸像一个圣诞老人

小丽的父亲是个大忙人,平时早出晚归,与孩子连打照面的时间都很少,对孩子的教育更不多,好不容易有时间和孩子小聚,也是匆匆忙忙。小丽的父亲也很内疚,常常给孩子买一些娃娃和绒毛玩具。小丽说:"爸爸就像一个圣诞老人,一年才管我一次。"长时间对父亲的积怨,使小丽的性格发生了变化,她变得爱乱发脾气,和小朋友们相处时以自我为中心,情绪很不稳定。

这位父亲患上了现在的父亲对待子女的一个通病,就是在物质的给予上表现得极为慷慨,在精神和情感上却表现得极为"吝啬",常常忽略了孩子渴望心灵沟通的需要,从而造成孩子或多或少的心理问题。

在这样父爱缺失的家庭中,不利于孩子人格的发育。缺少父爱的孩子,性格方面会有一些明显的弱点,如胆小、过于内向、神经质、优柔寡断、自信心及责任心不足等。更重要的,孩子通过观察母亲与父亲的相处,能够学到以后如何与异性相处的经验,而缺乏父爱的孩子在以后与异性的交往中会产生障碍,甚至于会对爱情失去信心。另外,父爱的教育作用又是一种强大的精神力量,能使孩子潜移默化地树立一种群体意识,增强自信心和意志力。

我要和爸爸一块儿玩儿

星期天,乐乐的爸爸又要加班,不能和他一起去玩,乐乐因此郁闷不乐,他多想和爸爸一块儿去玩啊!

在一些游乐场所,带孩子去玩儿的多是老人和母亲。孩子的母亲一般在旁边看着孩子玩，她们的警惕性极高，一旦看到孩子有剧烈的行为便大声制止。而与父亲在一起玩的孩子，父亲往往更重视玩而不那么重视看管，孩子的兴致很高，爸爸在一旁鼓励孩子："别怕，勇敢点！咱是男子汉！"

父亲与孩子玩的格调具有刺激性和兴奋性，表达出体力和智力技巧的竞争。在玩和其他方面，父亲更注重孩子竞争意识、挑战性格、首创精神、冒险意识和独立性的培养，而母亲则多注重感情的体贴和个人的安全。孩子如果能从母亲身上学到自我保护，从父亲身上学到创新、冒险精神，对未来的人生之路，培养生活乐趣自然受益匪浅。

没有人怀疑母亲在家庭教育中的重要性，但父亲角色在家教中的位置同样不可替代。女性富于感情，男性长于理智；女性体贴入微，男性豁达大度；女性周到细致，男性视野开阔……这些男女差别使父母与孩子的亲子交往过程中，在教育内容、方法、手段等方面都有着一定的差别。一般来讲，父亲有较丰富的知识面、较强的动手能力、较深刻的理解与判断能力以及勇于探索的精神，这些无不对开阔孩子的视野、发展认知能力与创造能力起着独特的作用。

父母的感性与理性的结合，是开启孩子智慧的最佳条件，如一方的天平倾斜，很可能对孩子造成伤害。

儿童心理指指点点：

父亲是孩子成长过程中不可缺少的角色。但是做父亲的常常会认为抚育孩子是妈妈的事，而忽略了自己做父亲的责任，他们把辅导孩子作业、参加孩子学校的家长会、以及对孩子的品德教育等都推给母亲，自己则忙于工作，对孩子的许多情况都不了解。

有些做父亲的不明白：我整天忙于工作，挣钱供他吃喝玩，还要怎么爱他呢？其实，父爱并不只是体现在物质上，更重要地是体现在精神上和行动上。

而在一些单亲家庭中，母亲一个人带着孩子，她们认为再婚会给孩子带来压力，就为了孩子而不再选择婚姻，或是害怕结婚。其实这是错误的想法。

心理学家研究发现，孩子在成长过程中如果缺乏父亲的影响作用，男孩容易变得女性化，女孩容易依恋年长男性，或惧怕、不信任男性。还有的离婚母亲会不自主地把对丈夫的埋怨、仇恨灌输给孩子，在孩子幼小的心灵里投下了抹不去的阴影，在他们长大后就会影响他们的人际关系、择偶观念和婚姻生活。

所以，父爱对于孩子的心理健康来说是非常非常重要的，父亲们都应学会怎样真正地爱孩子。

怎样和孩子说性

一位姜妈妈打来电话，她很激动地谈起了她上高二的女儿的同学借钱堕胎的事情，她痛心地说，都是好孩子，只是一时的好奇和性知识缺乏让孩子们遗憾终生。

发生这样的事情，学校的教育不到位是一方面，但主要责任还是家长，家长是孩子最亲近的人，家长要以正确的态度和科学的方法让孩子认识性，这是避免孩子发生性问题的关键所在；青春期孩子与异性交往，不要觉得天要塌下来了，正确地疏导，孩子会正确处理的。

相信孩子，但说无妨

相信很多家长都有这样的经历，孩子拽着衣角问我们："妈妈，我是从哪里来的？""邻居阿姨的肚子怎么一下变那么大了？"当孩子提出这样问题的时候，孩子就已经"长大了"，他们开始意识到"性"了，这个时候，家长应该成为孩子性教育的第一位启蒙老师，千万不能遮遮掩掩，把性搞得很神秘，那样只会勾起他们更强烈的好奇心。

我们当家长的有一个误区，不管孩子到了哪一个年龄段，我们总把他们当成孩子，一谈到性，或岔开话题而言他，或支支吾吾不说所以然。其实，这是一个不能也不该回避的问题，既然不能回避，就别扭扭捏捏；在信息极为通畅的现代社会里，孩子既然已经知道了个大概，与其欲言又止，不如和盘托出，这更有利于正确引导。我们要相信自己的孩子，"敞亮"一点，该说出口时就说出口。

我女儿长得很漂亮，又能歌善舞。进入高中，班里有男生追求她，给她写小纸条。女儿告诉我的时候，我没有像其他家长那样惊慌失措，我以肯定和赞赏的语气跟女儿说："有男生追求你，说明你很优秀，妈妈为你高兴。"女儿惊讶我能说出这番话，她认真地望着我，眼里充满了信任。接着，我毫不掩饰地实话实说："但是，他们现在喜欢的是你美丽的外貌，而外貌会随着时间的推移而逐渐被忽略，那时候就是你的个人学识和修养发挥作用的时候了，要想让美丽长久，就要内外兼修。"女儿是个聪明的孩子，自然懂得我的意思。

对孩子说性，要"润物无声"

尽管如此，受传统教育的我们还是羞于把"性"当面和孩子讲出来，我也不例外，但又不能不说，那就得想"辙"。我到书店买来一些相关的书籍，自己先来个"恶补"，既然要讲给孩子听，就一定要专业和科学，但是方式不能太"正式"，要一点点渗透，融入到生活中去。

女儿12岁的时候，我推荐女儿读《十六岁去澳洲》这本书，书中讲的是一个16岁的女孩刚到国外的时候是如何生活和学习的，面对种种困难又是如何解决的。这是一本励志的书，但我更看中的是其中有关性教育的内容。里面有一章节，是这个女孩的母亲对她进行性教育的一段故事，小作者的母亲把关于性的知识说得清楚、完整又很适合青春期的孩子。我没有告诉女儿特意去读哪页哪页，而是让她自己去体验。当她看完整本书的时候，她和我讨论书中的主人公如何聪明，又怎样克服困难，但对那段故事只字未提。我让女儿再重新阅读这本书，让她着重看一下那个章节的内容。等她又重新读了一遍之后，我因势利导，告诉女儿："性是美好的，它如同日出日落，月盈月亏一样自然。"

了解和沟通很重要

女儿有写日记的习惯，从日记中可以了解她的真实想法。我知道偷看别人日记哪怕是自己女儿的日记也不好，但我用"偶一为之"算是为自己开脱吧。有一天，女儿写道："他向我表白了，虽然我表面上很冷酷，但我还是有一点喜欢他的，他长得帅，学习也好，对我也很关心……"

隔了几行，又写道："高中对一个人来说是多么重要的阶段啊。妈妈说青春期的感情只是对异性的爱慕之情，并不算是'爱情'。周六他约我去书店的茶吧……"

周六的早晨，女儿告诉我她去书店买书，我不安地望着她的背影，虽然女儿说得很好，但我害怕结果会发生变化。当女儿回来的时候，我看到她买了几本书，心情好像也不错。我试探地问："女儿，你今天不是一个人去的吧？"女儿惊讶地问我："你怎么知道的？"我若无其事地说："邻居的张阿姨和小女儿也去了，看见你们了。"女儿不好意思地低下了头，给我讲了她和那个男孩之间的故事，我心里的一块石头总算落了地。

其实，了解和掌握孩子的想法，渠道多得很，只要家长平等地对待孩子，沟通是不难的。女儿长大了，有独立处理问题的能力了，我该对她放心了，以后她的日记我也不会再看了，在这里，对我以前的"不正当"行为向女儿说声："对不起！"

儿童心理指指点点：

在我们传统的教育中，身为父母总是避讳和孩子谈"性"问题，觉得是个"无从说起"的难题，而是让孩子自己去摸索，往往使许多孩子因一时的"性"好奇，而犯下错误。其实在孩子年幼时，即可以自然的方式和孩子谈"性"问题。此外，平时家长也应注意自己在家中的言行和隐私，让孩子养成良好习惯，并时时提醒孩子如何适时保护自己，以免受到坏人的伤害。父母是孩子性教育的启蒙者，也是孩子最重要的性教育老师。要以自然、正常的态度，教导孩子正确的性观念，要让孩子在很自然的情况下，吸收性知识，使他的人生有个健康、美好的开始！

人的心里不能没有亮儿

这是一个特殊群体。

他们都有一个共同的家庭环境：贫困；他们都有一个共同的成长特点：上进；他们都有一个共同的奋斗理念：争气；他们都有一个共同的传统美德：孝顺；他们都有一个共同的家教特征：身教。

这些在贫困家庭里长大的孩子，他们很少听到父母喋喋不休的说教，很少受到父母的训斥或打骂；他们的良好教育是从父母勤劳朴实的行为中得到的；"穷人孩子早当家"的意念，是从父母的"改变现状全靠自己"的信念支撑下获得的；他们的忍耐和坚强，是从父母不屈不挠的精神营养中汲取的。

人的心里
不能没有亮儿

王楠，毕业于沈阳市同泽高级中学，高考成绩 423 分，考入东北财经大学津桥商学院。

从高架桥下来，我们顺着王楠手指的方向拐进了一片荒地，路两旁的杂草有半米来高，没隔多远，就有一座垃圾山。杂草中有一条小路，王楠的家就在路的尽头。

王楠的父亲在门口等我们，听到脚步声，父亲的脸上有了笑容，他想上前迎接我们，王楠赶忙跑了几步，扯住父亲的手——父亲患有先天性失明。王楠就这样搀扶着父亲的手进了屋，女儿在前，父亲在后……王楠的母亲也是双目失明，她正在屋里等我们。

这是一间只有 16 平方米的平房，靠门处有一扇很小的窗户，阳光几乎进不来；因潮湿而几乎完全变黑的墙壁让房间看起来更加狭小；一铺炕、一张单人床占据了大部分空间；墙上的吊扇吱吱扭扭地转着，好像随时都可能停止。

每天"排查"父母上厕所的路

"以前我拿着那个'马杆'一触一碰，就知道哪是哪儿，现在不行了，出去上厕所都难啊！"说着，父亲指了指门口，3 根"马杆"安静地立在那里。父亲在这房子住了 60 多年，周围的环境再熟悉不过了，即使眼睛看不到也能凭感觉找个差不离儿。可前几年拆迁，这里变成了一片空地，盲人用于探路的"马杆"失去了作用,碰到哪儿,哪儿都是草——父亲没有了方向感。所以这几年,他只能困在家,每天听着半导体……

离王楠家最近的公厕要走 40 多米,王楠领着父母一遍遍熟悉这条路,帮他们重新找到方向感。可这条路不但杂草丛生,草丛里还时常混有垃圾、砖头、石块什么的,父母很容易被这些障碍物绊倒。每天上学前,王楠都要仔细对这条小路进行"排查",拔掉挡住道路的杂草,清除"潜伏"在草里的障碍物。"这样他们上厕所就安全多了!"

每天放学时,王楠都是第一个冲出教室,她想快点回家,"爸爸妈妈需要我,我就是他们的眼睛!"王楠每天最开心的事儿就是一边做饭一边把学校里发生的事儿讲给父母听,"我们班同学的人名他们都能记住,他俩可喜欢听了,说听这比'听'电视有意思。"

她十分感激盲父母给了她这个家

王楠家唯一的"大件"就是书桌上的那台"袖珍"电视机,这台荧光屏只有巴掌大的小黑白电视,其实就是父母的收音机。记者问王楠能收到几个频道,她摇摇头说不知道。父母不让王楠看电视,怕她看坏了眼睛。"爸妈把我的眼睛看得比什么都重要,生怕有什么闪失。"父亲接过王楠的话说,我们不能给她富足的生活,就希望她能健康,别让家庭耽误了孩子。

可是王楠高考失利的事儿一直让父亲心怀愧疚。高考那天,王楠很早就起床了,父亲塞给她打车钱,说,平常舍不得打车,这回说啥也得打车去。可王楠还是没舍得钱,仍然坐了公共汽车。那天去考场的路上车多人多,坐了将近两个小时车才到考点,到达时同学们都进入考场了,王楠慌神儿了,直到考试也没能平静下来。父亲的手抠着炕沿,万分痛悔:"要是我能像其他家长一样送孩子去……""爸,你别这么说!"屋里顿时很静。

王楠最害怕的是父母为了她而心存愧疚。她从没抱怨过生活的不公,反而觉得父母很伟大,父母虽然双盲,但他们以顽强的生存能力支撑起这个家，并给了她快乐的心理和健康的体魄，她无时无刻不在感受着他们的善良和乐观。父亲学过推拿按摩，街坊邻居谁要是有个腰酸背痛都来找父亲按几下，按摩是个力气活儿，父亲岁数大了，每次都累得满头大汗，可他从来不要钱，能帮助别人，他高兴。

盲父教女儿怎样做人

"这孩子仁义！"父亲说，有时候放学下大雨，王楠湿漉漉地跑了回来。父亲奇怪，早上不是带伞走的吗？王楠说，她把伞借给同学了。"同学总帮助我，我也没有什么能力帮助同学，浇点雨没什么。"王楠的爱心正是父亲影响的结果。

父亲教会了王楠怎样做人，也教会了她怎样做事。7岁时王楠就跟着父亲到附近的小市场买菜。那时，王楠觉得父亲特别神，摸一摸、闻一闻就知道菜新鲜不新鲜。7岁那年，王楠第一次跟着爸爸去买菜。她牵着爸爸的手来到菜市场。爸爸说买什么，她就把爸爸带到卖什么的地摊。买茄子时，爸爸用手摸着茄子，一边挑一边给王楠讲，什么样的茄子老，什么样的茄子嫩，直到今天，王楠还记得"光滑的茄子是老茄子"……从那时起，菜市场上多了一个孩子的身影，十多年来，家里的菜都是王楠买回来的。如今，她早已不用爸爸的"指点"了，每次买的菜都是又好又便宜。高三学习忙时，王楠早早起床去市场把一个星期的菜都买回来。

记者看到，在这个狭小的空间靠墙角的地方，柴火堆得老高——这都是王楠捡回来的。上下学的路上，只要看见能烧的东西，王楠就捡回去；如果遇见"大堆儿"，就装到随身带着的编织袋里，放到自行车后架上驮回家；要是赶上哪地方搬迁、做木匠活，留下成堆的碎木头，王楠就到邻居家借来带车子，把柴火推回家。王楠的班主任心疼这孩子，让王楠把学校不要的破桌椅拿回家当劈柴。

王楠从不在乎别人的眼光，她永远记得父亲的话："人的心里不能没有亮儿！"

儿童心理指指点点：

根据有关调查表明，虽然身处逆境，但绝大多数困难家庭儿童群体的心理状况是健康的。一份相关调查显示：困难家庭的孩子非常善良，体贴父母，有29.8%的孩子认为"父母每天很辛苦，家庭经济状况却没有明显改善"是他们最难过的事。

英国哲学家培根说过："超越自然的奇迹多是在对逆境的征服中出现的。"关键的问题是应该如何面对挫折。人们都希望自己的生活中能够多一些快乐，少一些痛苦，多些顺利、少些挫折，可是命运却似乎总爱捉弄人、折磨人，总是给人以更多的失落、痛苦和挫折。

记得曾读过这样一则故事：草地上有一个蛹，被一个小孩发现并带回了家。过了几天，蛹上出现了一道小裂缝，里面的蝴蝶挣扎了好长时间，身子似乎被卡住了，一直出不来。天真的孩子看到蛹中的蝴蝶痛苦挣扎的样子十分不忍。于是，他便拿起剪刀把蛹壳剪开，帮助蝴蝶脱蛹出来。然而，由于这只蝴蝶没有经过破蛹前必须经过的痛苦挣扎，以致出壳后身躯臃肿，翅膀干瘪，根本飞不起来，不久就死了。自然，这只蝴蝶的欢乐也就随着它的死亡而永远地消失了。这个小故事也说明了一个人生的道理，要得到欢乐就必须能够承受痛苦和挫折。这是对人的磨炼，也是一个人成长必经的过程。

这个家
给了我向上的力量

张超，毕业于彰武县第一高级中学，2007年高考分数：570分，报考沈阳药科大学药物制剂专业。

在彰武县高中开完会，张超没走，在楼门前等着我们。他个子小小的，抱着书不吱声。直到旁边有同学向记者打听高考录取情况，张超才大胆起来，当得知自己的成绩远远高出药科大学最低提档线时，他"呵呵"笑了两声，笑声很大，很难想象是从他瘦弱的身体中发出的。张超姐姐几年前报考的就是沈阳药科大学药物制剂专业，只差几分没考上，张超填报志愿时，想都没想就把姐姐当年的志愿重新填写了一遍。他在为姐姐也在为自己实现梦想。

两匹小红马卖了充学费

到张超家路口时，远远地望见三个人并排站在门口，父亲佝偻着身子，双手拖着腰，可能是站久了，出了不少汗，像水洗了一样。随行的志愿者是医大的一位年轻医生，他说，这孩子的父亲腰脱挺重；母亲个子更小，比张超矮半头，"胆息肉"把她折磨得愈加憔悴和苍老。

两间红砖房看上去很不对劲儿，细一看才发现外表没用水泥勾墙缝儿，当初用泥勾的缝已经被雨水冲刷掉了，刚盖没多久就漏雨了，屋里大盆小盆摆一地。这样的"裸房"还是几年前借钱盖的。旁边一处破旧的土坯房，在院子里歪歪斜斜地支撑着。回首 5 年前那个夏天，泪水在张超的眼睛里闪了又闪。那时，他家住在小土房里，一个下雨天，山墙突然倒了，母亲还发着高烧，张超感到了从未有过的绝望。姐姐抱住他瘦小的身体："你要坚强，咱俩要是垮了，爸妈咋办啊！"张超一直记着姐姐这句话。

土房旁边有个马棚，空空的。张爸爸说，今年春天筹钱给孩子交学费，两匹小红马都给卖了。舍得吗？张超摇摇头，两匹小红马才几岁，正是壮"劳力"，卖了也是不得已。"来人把马牵走时，它还回头看呢，恋恋不舍的样子。"记者问张超哭没，张妈妈说，张超不爱哭，就是不吱声。后来和张超聊，他说他也总哭，就是不让父母看见。

苹果酸巴啦叽的，有啥好吃的

院子里一个四四方方的小房儿引起了记者的注意。几根树棍搭建而成，四周用编织袋围起来，房顶上有一个黑色水袋，水袋一端连着水管，垂下的一端接着塑料喷头。"这是什么？""这是洗澡的地儿，我们这地方夏天闷热，干完农活儿就冲冲！"这个特别的太阳能浴房，让大家啧啧称赞。张超说，村里人都这样弄，没什么特别的。

大家的目光转移到了张超身上。张妈妈说，这孩子长得干巴，啥也不吃。去年苹果刚下来那段时间，总有人在村里叫卖。张妈妈要去给他俩买点儿回来补补，张超说什么都不让。他说苹果酸巴啦叽的，有啥好吃的。说到这，张妈妈眼圈红了，张爸爸接着说，这孩子懂事，一个月在学校就花五六十块钱，有时候更少。

五六十元，按 30 天计算，平均每天只有不到两元，够吃什么的啊？"早上喝 5 毛钱的粥，晚上泡方便面，足够了，有时还能买袋咸菜呢！"张超的表情很满足。有同学告诉他，这么吃下去对胃不好，张超不觉得，"没事，我觉得这个挺好吃的！""同学们这样说，你会觉得不好意思吗？""不啊，他们是在关心我。和同学朋友相处，就应该笑着面对，不要封闭自己。"

他的成长给家带来希望

不到 10 岁，张超就跟着爷爷下地干农活儿。累了，祖孙俩儿坐在地头休息，爷爷用他粗糙的大手摸着他的头说："好孙子，你可要争气啊！""争气"两个字，就这样深深地嵌入了他幼小的心灵，这个穷困的家庭，因为他的成长而充满了希望。

母亲去年被查出"胆息肉"，医生建议做手术，母亲只买了盒廉价消炎药。跟我们一起来的志愿者医大的医生解释说，这个病不发作就像没事人一样，一旦发作，就像鼓气似的疼，什么都做不了。村里人多地少，连续两年赶上"雹灾"、"旱灾"，20 来亩地，收成只有平时一半。父亲只好向亲戚、邻居借钱，他们也都不富裕，只好借高利贷，现在连本带利欠了 5 万多元。"高利贷这东西，不到万不得已谁愿意碰啊！"

从小到大，每到开学时，父母都到邻居家借钱给自己交学费。看到父母劳累的样子，张超不止一次地提出辍学回家帮父母干活儿，但每次都被父母拒绝了。张超哽咽着说："我希望上大学，完成学业后，用自己的坚强和努力去跨越每一道坎儿。"张超总说自己"很幸运"，"因为这个家给了我向上的力量，给我了战胜困难的勇气。"

一提到沈阳药科大学，张超的眼睛就亮了，"我在亲戚家的沈阳市地图上看过，感觉挺小的，就一个小点儿……"

儿童心理指指点点：

这种的父爱是伟大的，就像我们千千万万所有的父爱一样。小学的时候学课文《背影》那是对父爱最初的一种认识，一个背影凝聚的是无私朴实的父爱。

父亲往往会把对孩子勇气的锻造和培养作为一项重要教育内容。鼓励孩子探索新事物，激发孩子探索新事物的热情，尽快熟悉新环境，培养孩子在艰苦的环境下生存的本领。有意识地磨练孩子心理的承受能力，增强他的苦难意识，让孩子懂得成功是建立在失败的基础上，学会笑对挫折，笑对人生。

父爱是伟大的。虽然父亲外表是坚强的，是稳重如泰山的。但是在每一位父亲的心中都有最脆弱、最柔软的一部分，那，就是浓浓的父爱。父爱不同于母爱：母爱是无微不至的关心和爱。而父爱，则是默默中的关怀、沉默的付出。相比而言，父爱更加伟大而低调。因为父爱，只是默默地付出。

记起高尔基的一句名言：父爱是一部震撼心灵的巨著，读懂他，你就读懂了整个人生。

孝 顺

高拯国: 毕业于抚顺一中，高考成绩 578 分，考入北京理工大学。母亲患有小儿麻痹，前几年又患上了精神病。父亲靠捡破烂维持家用。

高拯国的家住在抚顺采煤沉陷区，这里的房子大多是 50 多年以前修建的被称为"棚户区"的简易工棚，低矮破旧。高拯国的家只有 28 平方米，屋里两张床摆在拥挤的房间中。一进门，记者小心地绕过地上的盆盆罐罐。房子多处漏水，早晨刚下过雨，房顶残余的积水嘀嘀嗒嗒落下来。

高拯国的母亲患有小儿麻痹，前几年又患上了精神病，她坐在床上和我们打招呼，言语断断续续："你们……来了，谢谢……你们……来看我们！"高拯国和我们聊了起来，记者让他把他的小发明给记者看一下，她母亲突然说："不给他们拿，他们是谁啊……"

高拯国母亲的情绪开始变得不稳定，父亲一边安抚她一边说："你们来之前刚吃过药，可能是太兴奋了。"父亲拉扯着母亲，不让她说话，高拯国心疼母亲："爸，我来照顾妈，她听我的！"

母亲犯精神病，只有高拯国能让她安静

"母亲是那么坚强，怎么一下变成这样了呢！"高拯国说，2003 年，有精神病史的母亲第一次发病，又哭又闹、寻死觅活的。母亲虽患有小儿麻痹，左腿肌肉萎缩，走路都用不上力，但是她一直很要强。患病前，母亲在街道做清洁工，每天天不亮就起床

清扫大街小巷。她做清洁工作要比别人费力很多：以右腿为支撑点，边扫边向前挪动身体。

由于长期劳动，母亲脚上结了一层厚厚的老茧，到了冬季就会皲裂，一走路一道道口子直往外渗血，钻心的痛。为了减轻母亲的痛苦，高拯国每天晚上都用热水为她泡脚，小心地将泡松的茧皮揭掉。

母亲一犯病就不吃饭，谁劝都没有用，只有高拯国才能让母亲安静下来，"我没有什么方法，就是母子间特有的那种默契吧，只要我一'撒娇'，她多少能吃点！"说到这，他顿了一下，"可是有时候'撒娇'也不好用，看来什么都得'推陈出新'啊，我还得想新方法！"高拯国嘴角向上动了动，想用笑容掩饰内心的不平静。

无论多苦，他都要帮父亲撑起这个家

母亲病倒后，家里唯一的经济来源是父亲每天捡破烂换来的钱。高拯国说："从那时起我就发誓：无论多难多苦，我都要帮父亲撑起这个家！"

高拯国把自己的生活费一缩再缩，有时饿三顿吃一顿，开水泡馒头也是一顿饭。艰苦的生活让他养成了勤俭节约的习惯：作业本总是用了正面用反面，别人扔掉的铅笔头，高拯国拾起来接着用。高中时高拯国去姥姥家，最让他放心不下的还是在家的母亲："最担心母亲犯病走失、出现意外，而我又不在身边。"

父亲在居民区里捡饮料瓶、易拉罐等废品，将换来的钱一点点积攒起来。"刚开始，我很担心这样会给儿子丢脸。"说到自己给儿子带来的诸多难处，高拯国父亲几度落泪。最初父亲捡破烂是"偷偷摸摸"的，他怕儿子的同学看见。高拯国察觉到父亲的顾虑，特意抽空陪父亲一起捡破烂，他对爸爸说："咱们用双手劳动挣钱，没什么丢人的！"在捡破烂的路上，高拯国遇上同学也不躲避，父亲弯不下腰时他就帮着捡。其实父亲哪里是在顾及自己的面子呀，不就是怕让孩子难堪嘛。看到儿子如此懂事，父亲捡破烂再也没有顾忌了。

穷孩子的梦想，他用自己的发明实现了

"小时候我最大的梦想就是能像其他小朋友一样拥有一个玩具汽车，连做梦都在想……"可是家里哪有钱给高拯国买玩具啊，他用纸壳折成小轿车的外形，用胶水粘合后，再在上面画上图案，虽然没有"轱辘"，但高拯国已经很满足拥有这样一辆轿车了。

后来，同学们流行玩遥控车，高拯国很想自己的车也能"遥控"。他从修家电的邻居叔叔那学到一些电子知识，用父亲捡破烂时带回的废弃的电子元件，自己设计了一台电动吉普车，在遥控器的控制下，不仅可以向前后两个方向行驶，还能左右转弯。

小小的成功让高拯国对物理更加喜爱，小学5年级时，父亲捡回来一个计算器，他以前从没见过这东西，把它拆开后，试着接好断开的电路，竟然好用了。时间久了，高拯国摸索出了一些规律，学到了很多电子知识，后来他能自己制作电风扇、音乐储蓄盒了，这对他日后的物理学习有很大帮助。高考时，高拯国的物理考了116分（满分120分）。

成绩出来的那天，母亲高兴极了，她一遍一遍地看着儿子的成绩条，嘴里嘟囔着："儿子考上大学了，我的心愿了了！"

儿童心理指指点点：

父母的爱是伟大的。父爱像大山一样，深沉而又默默无闻，却能带给我们无私的关怀。

父亲往往从男性的角度去给予孩子坚强、自立、自强、自信、宽容的人格熏陶。即使在艰难的环境中，孩子也能锻造坚强的意志，磨练出超人的心理承受能力，从而在生活之中立于不败之地。而那浓浓的母爱会给我们感受到世界的温暖，让我们对世界充满爱。母爱是无微不至的关心和爱，让我们在受伤或遭遇挫折寻找温暖的港湾。

古人说："滴水之恩，当涌泉相报。"在家庭教育中我们尤其要重视孩子的感恩教育，教会孩子感恩父母、感恩老师、感恩社会，教会孩子懂得珍惜他得到的一切。

家庭教育中的感恩教育对孩子人格的形成是至关重要的。孩子只有懂得感恩，才会学会自信自立。感恩教育是一种以人性唤起人性的人性教育。在家庭教育中，通过感恩教育使孩子明白，在这个社会里，爱从来都是双向的，谁都没有只奉献不回报的义务，谁也都没有只索取而不付出的权利。

让孩子知道感恩与"图报"是社会上每个人都应该有的基本道德准则，是做人最起码的修养。

和奶奶相依为命

单书娇，毕业于沈阳市第 27 中学，高考成绩 519 分，考入沈阳师范大学。

单书娇的家，确切地说，是她奶奶家，闷热狭小，窗台上 3 盆将近一米高的"虎皮兰"格外引人注目，给昏暗的房间添了点亮色。"奶奶说这种花生命力顽强，好养活。"单书娇从记事起就和奶奶生活在一起。"小时候父母总吵架，没法照顾我，是奶奶把我拉扯大的……"单书娇说着拉过奶奶干瘪的手，"没有奶奶就没有我的今天！"

奶奶白天当保洁员，晚上捡饮料瓶

奶奶今年已经 72 岁了，为了养活孙女，她从清晨 6 点到晚上 8 点做保洁员，吃过晚饭后再出去捡饮料瓶。奶奶黑瘦黑瘦的，脸小得没有巴掌大，眼里布满了血丝，说话急了，还有些喘，身子很虚。

说起奶奶，单书娇满眼泪水。父母都下岗了，无法给她提供生活费用，祖孙俩每月只有 135 元的低保金，光是要维持生活都不够用，更别说单书娇的学费了。72 岁的奶奶为了孙女，在居民区找到了一份保洁员的工作，这活儿可不轻，打扫小区、楼道卫生，定时清除垃圾……尤其是夏天，垃圾桶每隔几个小时就要更换一次垃圾袋。奶奶那么大年纪，心脏还不好，单书娇很是担心，可奶奶总说："这活儿好干，大家都很照顾我！"

奶奶越来越瘦，她白天干活，晚上还要出去捡饮料瓶。有一次，单书娇上完晚自习回到家已是晚上 9 点多了，可是奶奶还没回家，她吓坏了，疯一样地跑出去，满大街地喊："奶奶，你在哪儿啊？"家门前的马路上，单书娇看到一个瘦小的老人站在来来往往的车流中，时不时地弯腰捡着什么。是的，是奶奶！单书娇哭着大喊："奶奶，你在干什么，这多危险啊！"奶奶像一个犯错的孩子："我捡点饮料瓶，我就是想卖点钱好给你买青菜吃！"单书娇哭得泣不成声："奶奶，这都是为了我啊，我不能没有你！"她紧紧抱住奶奶，奶奶太瘦了，好像一用力就要折断一样！

曾经也是贫困生的班主任

说到这儿，奶奶用粗糙的手抹了抹眼泪："这孩子懂事，心疼我，要不是有她在，我两眼一闭，就清静了！"没等奶奶说完，单书娇伸手捂住了奶奶的嘴："我不许你这么说，你要好好活着，我还要你享福呢！"多少年来，祖孙两人就这样相依为命走到了今天。

"最难熬的要数高二的时候了。"单书娇回忆说，那时课业负担加重，特别是当时对大家都很具挑战性的地理学科，单书娇更是摸不到头绪，家里条件好的同学都请了家教补习，单书娇没钱找家教，只能自己一遍遍看、一遍遍记，可是效果并不好，学习成绩一度从班里前几名下降到30多名。单书娇有些认命了："这社会没钱不行，我没法和那些补课的同学拼！"

那些日子，单书娇情绪很差，班主任徐洪涛老师看在眼里，他坚定地对单书娇说："没有过不去的坎儿！"徐老师说，他就是从农村考上大学的，当时家里很穷，高中时他不小心把父母好不容易凑齐的一个月饭钱弄丢了，他一分钱都没有了，那一个月他东吃一口西吃一口才熬过来。"没有过不去的坎儿！"单书娇记住了老师的这句话，她又恢复了往日的自信与开朗，学习成绩很快赶了上来。

是啊！困难在任何时候都有，就看我们怎么对待了，态度积极的人会从困境中看到希望，而消极的人看到的只是绝望，如果我们因为生活的艰辛而自暴自弃，这样会伤害我们最亲的人，但当我们幡然醒悟的时候，可能已经来不及了。所以我们要以积极的心态来面对生活带给我们的不幸。

奶奶说穿红衣裳能考上好大学

单书娇家唯一的家用电器是一台破旧的电视机,只能模模糊糊地收到3个频道,而这还是邻居家淘汰不要的。奶奶说:"这电视可有用了!"我以为它能给奶奶解解闷,可并非如此,奶奶说:"我哪有时间看电视啊,就看个天气预报,天气冷了,好让孙女多加件衣服……"

"这孩子苦啊,没吃过好的,没穿过好的……"奶奶心疼孙女。小时候邻居家的孩子都有水果和零食吃,唯独单书娇没有,邻居知道她家的情况,把孩子吃的东西分给她一些,可单书娇说啥也不要,她对奶奶说:"没有我就不吃,不要人家的!"奶奶说,孙女好多年都没穿过新衣服了,穿的都是亲戚朋友送的旧衣服。高考前,她花20元给自己买了一件红T恤,"我不想买,奶奶说红色吉利,穿红衣裳能考上好大学!"说这话时,单书娇的嘴角微微扬起,神情很幸福、很满足的样子。"恨父母吗?"单书娇想了一下,笑笑说:"以前恨,现在不了,我有奶奶,她是我最亲的人!"

儿童心理指指点点:

孩子都是天真的,这个时间段也是每一个人的一生中最快乐的时期,也是人生中的关键时期。在这个时间段内,特别需要亲人的关怀和亲情的关爱。而在现实生活中,却广泛地存在着亲情缺失问题。亲情,是亲人的依恋和关爱,是真情的奔放和涌动,是爱的传递和延续。亲情需要彼此精心呵护,懂得相互宽容与理解。

亲情,血浓于水,父母亲对自己未成年的孩子的亲情则包含着对其知识的教育,心理的引导和对其社会知识的一种潜移默化的影响。它让我们永远有依靠的对象,有倾诉烦恼的伙伴。亲情的无私时刻在你的左右,伴随你的一生。而亲情缺失,则有可能给孩子的教育造成缺损,给他们的心理上造成缺憾,给社会留下隐患。

所幸的是，在父母离异对孩子缺少爱和教育的家庭，孩子的其他亲情比如爷爷、奶奶等给予了他们一种应该得到的关爱。也许老一辈人对孩子有很大的局限性，但是不能不看到在对缺失爱的教育的单亲孩子的心灵来说，这一切已经是一个美好的事情了。

在不停的迁移中
考上"南开"

陈妍，毕业于沈阳市第 31 中学，2007 年，以 644 分的成绩考入南开大学，学习生物工程专业。

陈妍现在的家在铁西区一处破旧的楼房里，楼前楼后大兴土木，商品楼正在火热朝天的建设中，陈妍家所在的楼房只是夹缝间不起眼的一景。丁丁当当的声音当中，我们走进了陈妍的家。

陈妍原本是打算去省图书馆的，我们的采访打乱了她的计划。644 分，今年高考，陈妍被南开大学生物工程专业录取。陈妍说，她最喜欢读名人传记，最近她刚刚读完《辛弃疾传》，现在正在看有关周总理的传记，陈妍自豪地告诉记者："我已经是周总理的南开校友啦！"

六年搬了七次家

时间已近中午，屋内的光线却很昏暗，陈妍家本来就是阴面，正在建设的商品楼挡住了不多的光线。一股浓重的中草药味充斥着狭小的房间，"我的眼睛每天都要用中草药洗一下，去年还只是左眼患病，今年年初两只眼睛都开始不舒服了。"母亲向我们解释草药味的原因。由于患有白内障，她每天都需要用中药洗眼睛。采访中，母亲不停地眨着眼睛。

1997 年，陈妍父母离了婚，陈妍和弟弟被判给了父亲，可没过多久，父亲就离开了家。奶奶年事已高，无法照料陈妍姐弟俩，抚养孩子的重担又落在了母亲身上。一个女人照料两个孩子谈何容易，收入不高，没有固定住所，母亲带着两个孩子在偌大的沈阳开始了漫长的"迁移"。

"我们七年搬过六次家，最差的时候住过麻将社对面的一个小平房，空间不足 7 平米，顶棚高度不到 1 米 8，吃饭都成问题，饿的时候只能吃烀土豆。"陈妍母亲的嗓音开始哽咽，陈妍则低头默默不语。2007 年，陈妍家搬进了现在这个房子，虽然环境嘈杂，光线不好，可对于陈妍来说，"这已经是最好的学习环境了。"

高中三年，陈妍每天早晨 5 点起床，高考后仍坚持早起。"早晨的空气很好，我喜欢放松的感觉，什么都不去想，说实话，如果想太多，我早就崩溃了！"

一个假期她做了三份家教

一进门的地方，堆放着的几个大行李箱似乎表明，这个家庭的"迁移"并没有结束。狭小的屋子已然容不下太多的家具，卧室地中间的一张小方桌既是陈妍的课桌也是一家三口的餐桌。陈妍说，家里唯独不缺少的就是书籍，小小的书柜里挤满了课本。"也没什么有用的书，都是课本，一些书送给了别人，有一些还留着，因为做家教给别人上课时要用。"

说到做家教挣钱，陈妍一直凝重的脸色终于见了笑容。高考结束后陈妍做了三份家教，几乎每天都有课，有的一节课给 50 元，有的一节课给 25 元，做了这么久也快有 500 元的收入了。这使陈妍对未来有了些信心，"上大学后有机会还是一定要做的。"

陈妍被名校南开大学录取的消息并没有激起家里人太多的兴奋，他们不得不面对高昂的学费和生活开销，在此之前，陈母已举债持家多年，尚有 3 万多元的欠款没有还清，"借完东家补西家，要不咋办啊？"母亲一脸苦笑，她的小灵通里现在还存着几天前债主催款的短信，通话的手机成了这个家庭的"催款机"。

弟弟想给姐姐挣学费

谈到父亲时，陈妍说："我不恨他，只是觉得他很可怜，他的身边没有亲人……"

因为没钱，考过第一、成绩同样优秀的弟弟不得不在初中就辍学在家。辍学后，弟弟想出去打工，可是母亲不同意："这半大小子，学坏了就完了！"不能打工挣钱，弟弟就在家里看书，不出屋，不说话，和姐姐都很少交流，陈妍说："不用说什么，我知道弟弟能行！"

为了不影响姐姐复习，弟弟把自己的被褥搬到了阳台上，席地而睡，看书困了就睡一会儿，睡醒了再接着看。母亲告诉我们说，弟弟成天窝在阳台上，只有到姐姐的小书柜拿书看才活动一下。我们去的时候，弟弟还在阳台睡着，陈妍说，弟弟昨晚看书到凌晨四点才睡。

一次居委会来家里调查，人家问弟弟在哪儿上学，他先是不说话，而后突然冒出一句说："给我一个学校，我想上学。"得知姐姐考上了南开，弟弟转身走出了家门，这一走就是3天，3天后弟弟带着一身疲惫回到家中，他说自己想去找工作，但是没找到。陈妍知道弟弟为她挣学费去了。

母亲微薄的退休金和城市最低生活保障金是陈妍家所有的经济来源，面对即将到来的大学生活，陈妍说："学生物工程的将来收入会挺多吧，挣了钱不让妈妈和弟弟再受苦了，让他们过上好日子。"这是20岁的陈妍和我们说的最大梦想。

儿童心理指指点点：

在面临高考的时候，考生背负着强大的精神压力，有的考生甚至出现了"越想学越学不进去"、懒散、身心疲惫的情况。家长也为此背上精神压力。专家指出，考生和家长们要适当地采用科学的方法调节情绪，减轻压力。只有在最后的时间把的状态调整到最好，才可能发挥出最好的水平。

作为家长，面对孩子高考的重要关头，心中焦急是可以理解的，但无论如何焦急都不能表达出来，要控制在子女面前的表现。考前家长应该尽量避免给孩子施加压力，不要过多地叮嘱孩子，尽量让孩子完成自己的准备工作，避免过分地照顾孩子，从言辞上要适度地"冷淡"孩子，从后勤保障上有意识地再帮孩子检查一下。

成功家长的经验就是告诉孩子，高考对于他就像做了一次普通测验。学习也一样，关键是平时把功夫做到家。想让孩子在高考中发挥正常取得好成绩，家长首先要减压，千万不能因过度关心孩子而让其背上沉重的思想包袱，产生"高考考不好，对不起父母"的想法。

每年高考的题目难易程度不同，因此每年学生考试的成绩总会出现浮动。考试期间，不要考完一门就急着跟孩子谈结果，只要一谈，就有可能造成孩子坏的联想而情绪波动，因为孩子总有没有答对的题目。告诉孩子只要尽力就可以了，至于结果如何，不要想那么多。

母亲把他骂醒了

黄超：毕业于沈阳市第 40 中学，2006 年高考文科 590 分，考取上海对外贸易学院英语翻译专业。高中 17 次大型考试中 12 次夺得年级第一名。父亲下岗后靠打零工维持家用，月收入不到 500 元。

陈旧家具、简易管灯、破损门窗……黄超的家很不像样儿。黄超告诉记者，原来家里生活还说得过去，可是父母离婚后，父亲也下了岗，家里没有什么经济来源，仅靠老底儿过日子，每月只有 140 元的低保金和父亲打零工赚的钱。家庭的突然变故一度让黄超失去了方向……

命运只能靠你自己去改变

小学四年级时，父母离了婚，黄超和父亲一起过。父亲沉默寡言，很少和儿子说话。生活，在黄超眼里一下变得暗淡无光。他不爱上学，害怕同学轻视的目光；他不爱回家，害怕那种难耐的孤独。黄超变得愈加脆弱、敏感，对所有人都充满敌意。中考前所有老师都认为："这个孩子连中专都考不上！"

老师说的是事实，黄超当时几乎科科不及格。母亲再也看不下去了，她第一次训斥了儿子："你怎么那么没出息，你的命运只能靠你自己去改变，谁也帮不了你！你再这样下去，以后别来见我！"

母亲的话把黄超骂醒了，他决定振作起来：我不比其他同学差什么，我一样可以靠自己的奋斗改变命运。黄超记得母亲的那句话："爸妈虽然离婚了，但是对你的爱却从没改变过，你爸爸更是如此！是啊，父亲患有严重的胃病，可是即便如此，他还是每天早晨5点钟就起来给黄超做饭，"这么多年，我没吃过一顿剩饭！"

捡来的书桌，见证主人的勤奋

黄超小屋里最惹人注目的是两张拼在一起的学生书桌，那是附近一所中学淘汰桌椅时，父亲给他捡回来的。9年了，它们见证了黄超每一个勤奋学习的日日夜夜。正是清贫的生活给了他人生中最重要的习惯：读书和思考。小小年纪，黄超对于很多事情就有独到的见解，有着与年龄不相称的成熟："考上大学只是人生一小步，还有很长的路要走，关键是我要永远乐观地面对生活！"

他的乐观感染身边每一个人

贫穷的生活没有让黄超放弃理想和希望，相反，他的乐观和从容感染了身边的每一个人。刚上高三时，黄超班上的团支书家里出了点意外，生活上发生了巨大变化，他一时之间接受不了这个事实，心情低落，无心学习。黄超理解他的心情，因为他自己也有过同样的经历。黄超主动接近他，把自己的经历告诉他，把母亲当时骂他的话说给他听，鼓励他战胜困难，靠自己去改变命运。高考前，两个人4只手紧紧握在一起："加油！"

"一个人活着，就要看到希望，人应当用积极的态度去生活，无论处于什么环境，无论遇到多么大的挫折——我们必须直面人生，逃避没有用！"

儿童心理指指点点：

在所有人的生活中，每天都会出现讯息万变、意想不到的变故。这些变故会对我们产生何种影响并不取决于这些变故的本身，而取决于我们对这些变故的态度和应对策略。人性中许多珍贵的品格正是从那些看似不幸的经历中锻造出来的。

在单亲家庭中，也有特别关心子女健康成长的家长，也许比正常家庭的教育还要出色。可见家长的教育方式和方法对孩子的健康成长起着至关重要的作用。作为单亲家庭的家长，首先要特别注意为孩子创造一种愉快的家庭氛围。这就要求单亲家庭的家长要学会克制自己的不良情绪，使孩子在急风暴雨中也能健康的成长。

留学经历

　　出国留学，一个多么令莘莘学子魂牵梦萦的成才途径，一个多么让父母梦寐以求的"成龙成凤"渠道。家长们掏空了腰包，历尽千辛万苦，终于把孩子送到了国外。他们远离祖国，远离家庭，独立在国外学习和生活，会碰到许多困难，会遇到很多问题。这个阶段，他们的家庭教育是怎样的呢？有的是通过现代通讯方式，万里遥控指导，但大多数是留学生们在异国他乡的"我行我素"。

　　然而，就是在这独立自主的"我行我素"里面，仍能看到他们以往家庭教育的影子，或者说，恰恰是在这特立独行中，折射出每个留学生过去家庭教育的成功或失败。送孩子出国留学对每个家庭来说都是一个重要选择，都是一笔数额不小的投入。既然是选择和投入，就会有风险，有的成功了，有的失败了。成功和失败都是一种经历，经历就是财富，当然值得珍视。

我的名字让
斯坦福选择了我

常轶群：2005 年 7 月被美国的斯坦福大学
录取。

常轶群高中所在的班级是日语特长班，而她却选择了报考美国的大学。

常轶群选择的斯坦福大学，在全世界有 100 多所合作校，而且是 1/4 学制，向学校提交申请后，每个 1/4 学期都可以到其他国家去学习。另外，美国大学接收世界各地的留学生，与不同文化背景的人接触，可以感受到各种不同的文化差异。这是斯坦福吸引她的重要原因之一。

常轶群选择了斯坦福，斯坦福也最终选择了常轶群。这其中除了托福、SAT 等"硬件"符合斯坦福的要求之外，常轶群被斯坦福所看中的还有一篇题目叫《我的名字》的申请短文，还是让我们从她的申请短文看常轶群的不平常之处吧。

申请短文告诉你一个真实的中国

申请美国大学，要提交高中成绩单、托福成绩、SAT 成绩、推荐信以及申请短文。申请短文是最能体现申请者个性的，所申请的学校在一定程度上要通过它来了解申请者的理想、志趣、性格、修养等各个方面情况，因此申请短文在申请中占有很重要的位置。

常轶群最初申请了好几所美国的大学，她曾经选择了"国际关系"作为申请短文的主题。根据各个学校的不同要求，短文的内容也要有所变化，她的一篇申请短文是这样写的："我 10 岁的时候随父母去美国学习两年多时间，记得我在学校图书馆里翻看一些介绍中国的图书时，看到书中选用的都是多少年以前'粮票换米'一类的插图——中国在他们眼中是一个很落后的国家。"

还有一次，她在美国上课时老师讲到一个小女孩梦见自己坐在一个大香蕉里，开心地吃起来。讲到这，有的同学问我："你在中国能吃到香蕉吗？"我当时特别惊讶,也特别气愤,他们实在太不了解中国了。

高中时我去日本访问，日本人认为中国这些年的发展相当迅速，很可能在短时间内赶超日本，他们认为中国已成为对日本最有"威胁"的国家了。

一件件事情说明世界对中国的看法太片面了，根本不了解什么才是真正的中国，常轶群的申请短文向世界介绍了一个真正的中国。

常轶群说，第一次写申请短文，她选择了一个自认为比较有深度的题目，其中的事实和感受也是有感而发，也算是一篇体现个人思想与个性的好文章。但是最让常轶群满意的还是给斯坦福写的这一篇。

真实感受让她赢得"候补"名额

2004 年 11 月份，常轶群得到了斯坦福、阿姆斯特两所大学的候补名额，学校让她再写一篇申请短文。常轶群在说起写作这篇文章时，心里满是兴奋。她这次写的文章题目是《我的名字》。"轶群"二字是超越他人的意思，常轶群说，为了这个名字，为了家族的希望，她一直努力争第一，希望自己能真正做到"轶群"。

在此之前，哈佛大学也有录取她的意向，并参加了哈佛大学的面试，而正是这次面试改变了她的想法。面试人是一位哈佛校友，她曾是哈佛大学数学系研究生，当面试完成之后，常轶群问她现在做什么工作？这位哈佛毕业生说出了一个让人无法理解的答案——家庭主妇，她说她现在有两个孩子，全职照顾他们，闲下来的时候，在家写点东西，参加一些社交活动。常轶群当时特别不能理解她的做法，甚至有些"轻视"，她在心里嘀咕："在哈佛苦读了8年，学成之后难道就甘愿做一个家庭主妇？"她看出了常轶群的疑惑，微笑着说："我很喜欢现在的生活，我很快乐，也很满足。"

常轶群体味着这位哈佛高才生的话，想到了自己："从小到大我一直都为了'轶群'而努力，我的目标就是要'第一'，哪怕是'第二'我都不能接受。'第一'对我来说真的那么重要吗？我到底想要的是什么呢？"

哈佛虽然没有录取她，但她的生活轻松了许多，她依然努力，但她不再因为名次而黯然神伤，不再削尖了脑袋而非要"挤"到学生会去当干部不可，常轶群终于放下了包袱。

常轶群向斯坦福大学提交的候补申请短文写的就是对自己的剖析，《我的名字》是她最喜欢的一篇文章，常轶群说："这才能体现我的个性，是我自己的东西，写申请短文千万不要说一些离自己很远的话，不能为了迎合人家而硬去说些言不由衷的话。"

选择大学是"双向选择"

在申请时，要回答一些他们所提出的问题，其中有一道题目是这样的："请说出你思想上最受触动的一件事？"常轶群的回答是：有一次她参观中国艺术展，回来后特别兴奋地给一个朋友描述展品如何妙不可言、艺术如何精美绝伦，那位同学听了之后好像并不太感兴趣，常轶群十分纳闷："你怎么这么没感觉啊？"那位朋友说："艺术品的真正价值，是作者所传达的思想感情和作品的深刻内涵，而你所看到的只不过是形式罢了，如果你只看到这些，算是白去了！"

常轶群觉得同学说得有道理，她又重新去看了一次展览。当她把作品蕴藏的文化内涵和作者当时创作时代背景都做了深入了解之后，对作品审美意识的了解超越了艺术品本身。常轶群说，那种感觉真的不同，心灵有一种被深深打动的震撼。

常轶群的申请短文可能并没有什么超人之处，但她那种遇到问题穷根问底的科学精神，那种敢于接受不同意见的勇气，那种受到启发后举一反三的悟性，都在字里行间极为自然地流露出来，也许斯坦福看重的正是这一点。

记者问常轶群有没有想过让英语专家或"外教"来帮助她完善她的申请短文，常轶群用了一个非常有趣的比喻，她说选择大学和找"对象"一样，是"双向选择"，既要看对方适不适合你，也要看你与对方合不合得来，如果你找别人代写，即使被录取了，那么与这个大学"对象"的是那个人，而不是你；即使被录取了也很可能"合"不来。

儿童心理指指点点：

在中国，高考对很多家长和学生来说都是一个重大的挑战。有些孩子可能因为不能读一个好的高中，家长担心孩子失去进入好大学的机会，所以将目光放到了教育资源更为丰富的国外。随着许多家庭经济实力的增强，家长们对国外教育制度的不断了解，高中留学成为了不少人的又一个选择。

高中生留学的优势在于他们的适应能力和学习能力都比较强，能够比较快速地融入到当地的学习和生活中，良好的语言环境也使他们的语言水平能够得到迅速的提高。但是作为处于成长期的孩子来说，离开家庭的庇护，有的孩子可以适应的比较好，他们会在短时间内就变得成熟起来，并且自理能力大大加强。这样的孩子是在国内已经有了一个比较好的生活习惯，所以可以比较迅速地适应环境。相反，有些孩子在国内一直过着娇生惯养的生活，他们到了国外可能连最基本的生活都会出现问题。

对于有打算让孩子出国读高中的家长，有一些建议。首先要充分考察孩子的独立生活能力、自制力以及学习能力，这些能力都达到一定的程度，才能比较快的适应国外的生活。其次，要充分征求孩子的意见，不要自作主张地给孩子做选择。生活方面，寄宿家庭更容易让孩子尽快适应国外生活，家长也要经常与孩子沟通，多鼓励孩子，多留意孩子的心理变化。

陶妈"遥控"有技巧

这篇文章和《关键时刻让女儿给全家上课》一文，都是陶岚的母亲李虹桥提供的十分宝贵的家教经验。在编辑本书时，为了分类，便把这篇专讲陶岚留学过程的文章收在"留学经历"中。有关陶岚和她母亲的情况，可参阅前一篇。

岚岚有了出国留学的想法，陶妈并没有马上对此做出回应，而是和孩子一起上网查资料，共同了解国外的文化、教育及生活等各方面情况，陶爸和爷爷、奶奶也广泛收集正在留学或已经学成归来的孩子在国外留学的故事和他们现在的发展情况。

全家组成"面试委员会"

岚岚做好了出国前的准备，办好了所申请的澳大利亚一所高中的手续后，那边学校便发出了面试通知。岚岚问妈妈："他们能问我些什么问题呢？"孩子在遇到困难时会本能地向大人求助，这时家长不要给他答案，要把问题反抛回去，让他自己去思考，尤其是以后他还要独立生活，这就是陶妈的高明之处。陶妈问："那你觉得呢？"岚岚说："难道会问我是个怎样的人？我的学校？我的朋友？"

岚岚开始留意自己和周围的人和事，更善于思考了。岚岚面试前的那段时间，陶妈、陶爸、爷爷、奶奶每天都组成"面试委员会"，向岚岚发问，岚岚在和家人的交流中表现得越来越自信，常常就自己熟悉的话题发表一些独特的见解。这种方式让岚岚很快适应了"多对一"的面试形式，最终以放松、淡定的心态与面试老师交流，在面试中顺利通过。

陶妈设计管理时间和金钱的表格

孩子远离父母在异国他乡独立生活，能不能"管理"好时间是能否顺利完成学业的前提。陶妈帮助女儿制作一种特殊表格——时间管理表，把每一天的学习计划、需要做的每件事情，都一一记录在每日清单上面，如果今日清单上的内容已经排满了，或是某项工作可以转过第二天来做，那么就可以把它算作明天或后天的工作计划，但是切记：不要拖延。陶妈说："除了日计划、周计划、月计划，还要有季度计划，以至于整个学期计划——在规定的时段内要完成哪些事情、达到什么目标，都要计划出来，这样才算是'管理'好了时间。"

"理财"这方面的培训也忽视不得。陶妈教岚岚制作收入支出表，把每一笔收入和支出都详细记录在表格上，特别是支出要用红笔标记，陶妈说，学会理财，不仅仅是学会如何用钱的问题，理财能力是生存能力的重要组成部分。

就这样，岚岚在思想、心理等各方面都有了充足准备后，带着妈妈设计制作的"时间管理表"和"收入支出表"坐上了飞往澳大利亚的飞机。

陶妈开出"宽容"药方

陶妈说，虽然离得远了，但是和孩子的沟通绝对不能少，她太小，遇到事情的时候，没人说心里话可不行。陶妈几乎每天都和岚岚通过网络视频"见面"。刚到澳洲没几天，岚岚就遇到了困难：

岚岚寄宿在当地人家中，那户人家有个十四五岁的小女孩，对岚岚很不友好。岚岚刚进浴室洗澡没几分钟，女孩就咣咣敲门："怎么洗那么长时间，快出来！"岚岚哪受过这样的气呀。她和妈妈视频聊天时大吐苦水："他们都欺负我！"孩子就是孩子，一个人对她不好，她就认为全世界都把她抛弃了。陶妈说："你和房主之间的协议是'你付钱,他们提供食宿',而房主的小女孩并不了解这些,她只知道你这个陌生人无端闯入了她的生活,分走了她父母的一份爱,于是产生敌意,这是一种本能,你要理解;另外你要感谢这个女孩,她在提醒你节约用水用电。"

岚岚听了妈妈的话,心里打开了一扇窗,亮堂了许多,开始试着理解女孩,用爱用心和她交流。她们慢慢成了好朋友,每次回国都想着给她买礼物。这是一种角色转换过程,陶妈通过这件事来告诉岚岚怎样与别人交往。

经房主介绍,岚岚在一家小学做清洁工,第一天工作回来,岚岚满是抱怨,"妈,这活儿也太脏太累了,再说我已经做得很好了,他们还不满意!"陶妈给孩子讲了这样一个故事:一个女孩在一家五星级饭店打工,被分配洗厕所,当她将手伸进马桶刷洗时,恶心得直想呕吐,一位老清洁工人在清洗工作完成后,从马桶里舀了一杯水喝了下去,清洁工人说,经她清理过的马桶,干净得连里面的水都可以喝,女孩很受触动,清洁工人这种敬业的态度一直影响着她。陶妈告诉岚岚,敬业是一种人生态度,是最基本的做人之道,也是成就事业的首要条件。

第二天,岚岚工作回来还是不开心,她说:"为什么每个人都对我冷冷的?"陶妈说,你也没做什么啊,他们怎么会对你好呢?你不要管别人对你怎么样,你只要快乐地投入到工作中就好了。正如陶妈说的那样,岚岚的认真和笑容感染着每一个人,岚岚考上大学后就要离开那所工作的小学了,老师和同事们都舍不得她,在给她的贺卡中写道:"感谢你给我们带来了清洁和快乐!"

国外大学不以高考成绩作为唯一录取标准,而将学生成长记录、社会实践和社会公益活动等成绩进行综合考量。岚岚的综合分数很高,轻松考入了澳大利亚国立大学。选择专业时,岚岚有些拿不准。陶家召开紧急家庭会议,陶爸说:"我希望孩子学生物工程!"陶妈说:"你这种说法不好,你不能说你希望孩子学什么,你无意中把你的想法强加给了孩子,容易造成误导,你只要提供建议就好了,明天和孩子视频时，你要说，我喜欢生物工程！"

第二天，每个家庭成员都说出了自己喜欢的学科，陶妈说，他们想传达给孩子的是：每个人因为兴趣爱好不同，所选专业也是不同的，她要确定今后所学专业，就要认真分析自己，做出今后的就业规划。

最终，岚岚选择了精算专业，她说她喜欢精算师这个职业，同时她具备出色的数学基础及良好的沟通能力。

如今，岚岚以优异的成绩完成了本科学业，并考入澳大利亚阿德雷德大学攻读会计专业硕士研究生。读研时，岚岚在当地一所知名公司做销售员，工作中遇到困难时，她总会想到妈妈给她讲的一个个励志故事。陶妈说，有些东西孩子会受用终生。岚岚获得了同事和领导的认可，成为该公司唯一的华人女员工。

儿童心理指指点点：

我们常会谈到海外游学给青少年学生带来的各种好处，比如可以迅速提升英语语感、开阔眼界、培养自理能力等。但是您知道吗，从青少年心理学的角度出发，海外的这段生活体验给孩子带来的无形财富远远不止这些。

游学时，孩子表现会和在家中不一样。这是因为孩子开始发现并理解自身作为一个独立的个体存在。他们经常思考的问题是"我是谁？""我来干什么？"所以他们在不同的场合及面对不同人群时，其表现可能截然不同。当孩子经历过很多事情并充分认识到自己的时候，他们自然能够迎来心理的成熟期。而短期海外游学的经历，对于孩子提前适应社会、独立思考、稳定的成长有至关重要的促进作用。

孩子到了国外一些弱点也能有所改善。因为在孩子的青春期，孩子把和父母的亲密关系的重点转移到与同龄人的相处上，而且是具有文化差异、完全陌生的环境。所以他们也能自我反省、学习其他同龄人的长处，和国外寄宿家庭孩子的朝夕相处让他们改正了自己的一些不足之处。因此，参加出国留学这种与不同类型的同龄人的交流对他们来讲是有好处的。

想干大事，
就从小事开始吧

肖铮：2001 年毕业于沈阳某大学经济管理专业，同年留学巴黎第八大学经济管理系。2006 年 1 月初回国求职。

肖铮在大学时就一直想出国留学，他认为自己在国内就读的大学牌子不是很出名，找工作会很难，出国深造一下，回来再干一番大事业。1 月 8 日肖铮学成归来，他告诉记者："我在法国打过好几份工，获得很多职场经验，现在想法跟以前不同了，什么一定要进大公司，一定要月薪多少的观念完全改变了。留法五年，我感受最深的就是：如果想干大事，那就从小事开始吧！"

我刷盘子是小事，老板刷盘子是大事

在法国读完语言学校后，肖铮不想再花家里的钱供自己念书，想通过勤工俭学继续完成学业。他当时法语说得不是很地道，还不能完全听懂当地人说话，他的第一份工作是在一家中国餐馆做服务生。肖铮在家是个独生子，端盘子、洗碗的活儿从来不做，而饭店工作又脏又累，肖铮有点不想做了，他想自己好歹也是大学生啊，就干个刷盘子的工作实在是太没出息了，他想要放弃这份工作。

可是，肖铮看到饭店老板只要有时间就当"服务生"，传菜、上菜、端盘子、扫地，什么活儿都干，把自己弄得像个"小工"一样。

肖铮很不理解，一个大老板怎么还干这些杂活儿呢？老板告诉肖铮："我也是从服务生做起的，那时我没想过要做老板，就想把自己的这份工作做好。现在我是老板，是不需要做那些杂活儿了，但是我只有通过'上菜'、'传菜'，才知道哪些地方需要改进。"

肖铮恍然大悟："我刷盘子是谋个人生存，老板刷盘子是谋饭店生存，从这个角度说，我们俩干的事是一样的，只不过是位置不同，观念不一样罢了，我认为是小事，而老板却认为是大事。过去我认为服务生工作没什么技术含量，刷盘子永远'刷'不出什么名堂。现在，通过刷盘子我学会了吃苦耐劳，学会了善待他人，而这些对我今后的发展是太重要不过了！"

皱着眉头也是干，扬着嘴角也是干

第二份工作，肖铮在农场种水果。虽然法国农业早已机械化了，但是有些活还是要由人工来完成，像一些特殊产品的插秧、摘果等便是如此。暑期，肖铮和几个中国留学生一起到法国一个小镇上栽种一种叫"甜瓜"的水果，它成熟得特快，从栽种到收获只要几个星期时间，工资为 1500 欧元。

插秧是所有环节中最苦的，每天早晨 5 点钟就要下地干活，弯着腰一垄一垄地插秧苗，每垄地有 1000 多米长，刚开始，一垄地插下来，肖铮就两眼冒金星，再加上个子大，真让他有些吃不消，几天下来，累得腰都直不起来。肖铮一看到还有那么一大片地还没"动工"，眉头又皱了起来，他心想自己要是干一辈子果农，大概会疯掉。

可是肖铮看到，这么苦的活儿，法国当地的果农们干起来竟然那么兴奋，大家有说有笑，有的还哼着欢快的小曲儿，全然一副享受的样子。肖铮问他们干这样重的活儿怎么还这样高兴，一位果农告诉他："不要想着还有什么工作没有做，回头看看我们已经做完的工作，再想想几个星期后满地都是香喷喷的甜瓜，心里就有一种成就感，一种幸福感，这怎能不让人高兴呢！"

皱着眉头也要工作，上扬着嘴角也要工作，为什么不给自己一个愉快的心情呢？这是肖铮在农场工作的最大收获。

员工有员工的职责，老板有老板的想法

慢慢地，肖铮已经能和当地人用法语正常交流和沟通了，也有了一定的工作经验，他想找一些与自己专业有关的工作锻炼一下。他在一家规模不太大的商场找到了一份销售员的工作，主要负责皮鞋销售。老板规定每双鞋不能低于9欧元，可是附近几家鞋店的同类商品已经将鞋价定为每双8欧元，因为价格比别人高，有时候连一双都卖不出去。可老板就是不肯将鞋价降低。肖铮觉得做销售要变通，薄利多销才是销售之道，肖铮多次向老板表达了自己的想法，而老板根本不听肖铮的意见。肖铮感到很不解，还在试图说服老板的时候，一位朋友告诉他：老板坚持己见，可能有自己的想法，你作为员工能提出自己的观点就已经尽到自己的责任了，员工不要过多干预老板的工作。

肖铮虽然明白了做员工的职责，但他还是积极主动地做好自己的工作。店里的销售情况一直不太好，他认为不能老守在家里等着顾客上门，应该把产品推销出去，肖铮把自己的想法做成一个推销方案，老板看完之后让他试着去做。通过肖铮的努力，销售状况有了一些改善，为鞋店赚到了一些钱。虽然做额外的工作很累，老板也没给他多加钱，但肖铮还是很开心，这种成就感让肖铮感受到工作的快乐。

儿童心理指指点点：

一个人在成长的过程中，无论大事小事不可避免的都会有成功和失败。而且通常是经过无数次的失败，才能获得较大的成功。这就是古人所说的"失败为成功之母"。那么孩子的成长也是一样，大人应放手让孩子在他生活的小范围内自理，让他失败，碰钉子，这样孩子就会从失败中记取教训而成长起来。当孩子能够迎接越来越大的困难挑战的时候，一个意志坚强的孩子就站在父母面前了。

千里之行，始于足下。从小事做起，只是起点。要从小事做起，并且持之以恒，这才是真正磨炼孩子意志的好方法。所有在事业上取得成就的人，也都是通过小事情来磨炼自己的意志的。所以，家长想要孩子的成长和进步，想要培养孩子坚强的意志品质，那么就从小到大，从易到难，从低到高地锻炼您的孩子吧。

最需要的是勇气

丛林，2000 年由学校推荐，经过考核，获得新加坡商会和教育部提供的奖学金，赴新加坡华侨中学和华中初级学院留学，2004 年高中毕业的丛林，被哈佛、普林斯顿、耶鲁、斯坦福、康奈尔 5 所世界知名大学同时录取。

丛林说："有些事情可能我做得不是很好，但我会多做一些尝试，为自己多创造一些机会。"

这次回国，在和我初中班主任佟老师聊天时，她回忆起我当年的一件小事：那是刚上初中不久的一次班会，老师前一天告诉我们每个人都要准备一个小节目。第二天开班会时，同学们都有些拘谨，谁都不举手表演，只有我走上讲台给大家表演了一个蹩脚的魔术。佟老师说，我的魔术表演水平虽然不高，但我当时认真的态度、敢闯敢试的勇气和积极参与的精神让她至今难忘。

我成了他们的"国家集训队"队员

我没有想到佟老师还能记起这件小事，这对我是一个很大的鼓励。在新加坡学习的这几年中，我仍然很积极地参加各种活动和比赛，哪怕是图书馆举行的一次知识竞赛，我也想去试一试。我觉得无论是学校活动、社会体验，还是学习竞赛，都是一种很重要的人生经历，有时候还可能有意外的收获。出人意料的是，这些参加各种活动的经历竟成了哈佛录取我的一个重要因素，当然这是后话。

记得 2004 年的时候，我报名参加新加坡物理奥林匹克竞赛，但由于我没有新加坡国籍，也不是永久居民，没有资格参加这种国家级比赛。当时负责培训的一位南阳理工大学的教授被我的这种学习热情所感染，他破格让我和另外一名同学参加新加坡奥林匹克国家集训队的课程培训。

这位教授带领我们做一些关于量子信息学方面的研究，其中涉及的理论知识都是硕士研究生，甚至是博士生涉猎的内容，我们根本听不太懂，但是，教授为了能让我们多学习一些，周日都不休息，在他的办公室给我们开"小灶"。即便如此，很多内容我们还是不能完全理解。然而，我的收获却是颇为丰厚的：通过接触一些尖端科技，我更加向往登上物理学的最高殿堂，去探索和追寻那无穷的奥秘；教授的独特的思维方式对我也是一种莫大的启发，他那认真严谨的治学态度和科学精神，更是让我受益匪浅。

在网上寻找大学教授的帮助和指导

尽管学校为我们提供了丰富的学习资源，但我一直都非常注重给自己创造学习机会。我深切感到，被人"牵"着学习与积极主动地学习，效果是大不一样的，甚至两者有着天壤之别。

在国外，学校每学期都要组织一次对某项课题的"科学研究"，学校为我们联系一些大学教授，由他们给我们出选题，并对我们的研究进行辅导和指导。

刚开始，由于对学校规定的课题选项不是很感兴趣，有些题目本身有一些局限性，不适合我的实际学习状况，前几次的"科研"效果都不太理想。但是我非常认同这种学习方式，它一方面能培养我们独立思考和解决问题的能力，另一方面，在大学教授的指点和帮助下，我们这些中学生会更快地掌握先进的思维方式和良好的学习方法——这比什么都重要。

与其被动地完成学校交给的任务，不如主动出击，寻找适合自己的选题。我和几个同学商量，要和大学教授直接对话，自己创造与大学教授进行交流的机会。我们在各个大学的网站上找到相关学科教授的 email 地址，我在邮件中写道：我是一名高中生，对您非常景仰，对某某学科非常感兴趣，我们想做一些关于某某方面的选题，希望老师能给我们一些建议和指导。

我们几乎没抱什么希望，没有想到真的会有一些热心教授给我们回信。记得新加坡国立大学数学系的一位教授给我回了邮件，他说很愿意帮助我们。这位教授根据我们现有的知识储备为我们选定了一个题目，在整个研究的过程中，教授给了我们很多帮助，我们之间也建立了很深厚的友谊。在教授的帮助下，这个选题的论文在新加坡的一家数学刊物上发表了。到现在我还和这位教授保持着联系。

面对难题，我从不一个人死"抠"

我很喜欢交朋友，无论是大朋友，还是小朋友，我都愿意和他们交流与沟通，在和他们接触时，我特别留意他们对某一事物的观点和看法，尤其对他们独特的思考问题的方法产生浓厚的兴趣。一位教授告诉过我："你与其死'抠'一个很难弄懂的问题，不如去和一些在这方面有所研究的专家，或者了解这个专题的人聊聊天，听听他们的意见，等你回过头来可能就会觉得很简单！"

我觉得那位教授说得极有道理，这不也是自己给自己创造学习机会吗？一次我遇到一个数学题目，自己怎么想都想不明白，翻来覆去地做，还是做不出来，这个时候，我找到一些同学讨论讨论，大家你一言我一语的，说出了很多解题思路和细节，虽然都不太成熟，但都能给我一些提示，有的同学的想法特别奇特，是我从来没想到过的，极大地开阔了我的思路。讨论中，同学让我讲讲思路，我当时还没"捋"顺，但人家都把想法毫无保留地说了——当然这也是一种"给予"，我也不能一味地"索取"，虽然想法很不成熟，但还是要讲的，我一边讲一边想，刚才还搞不明白的问题，讲着讲着，一下子就懂了——在交流中获得了灵感。

尝到了交流与沟通的甜头，我一发而不可收，经常"缠"着各科的老师，向他们提出各种各样的问题，尽管有的问题可能很幼稚，但我从不因此而羞涩，仍乐此不疲。也许正是这种强烈的求知欲和求实的科学态度，赢得了老师的好感，他们非常乐意回答我的问题，这让我获得了许多。

儿童心理指指点点：

心理学研究表明，"孩子有调查和探索的本能，探索是孩子的本能冲动，好奇、好问、好探索是孩子与生俱来的特点。"他们对这个世界充满好奇，有着强烈的探究欲望。从小让孩子学习自己动手，自己去观察，培养孩子活泼好问、敢想敢做、勤学乐学的良好素质，对他们今后的生长发育有着深远的影响。

家长利用家庭和学校自身的条件，鼓励孩子们积极大胆地在各个生活环境中加以验证和思考外，更主要的是孩子们的科学探索应从自己身边的事物开始，引导他们关注周围生活和环境中的人事物，发现其中的秘密。只有这样才能培养他们真正的内在的探究动机，使他们保持永久强烈的好奇心和探索欲望，也只有这样才能使孩子们获得真正内化的科学知识和经验。

因此，我们应该让孩子在充分探索与发现的基础上，培养他们的观察力、想象力和探索精神。让孩子们在学习的活动中大胆探索，反复探索，获得新的发现，新的创新，新的提高。

伤心母亲哭诉
儿子留学丢人事

"如果再给我一次重新选择的机会，我说什么都不会让儿子出国，花些钱倒没什么，心灵上的煎熬实在让人无法承受。这三年，仿佛梦魇一般，儿子备受折磨，我和他爸爸也没睡过安稳觉。"

付女士讲起儿子的经历时，声音带着哭腔。她找到记者，宁愿把自己孩子的"丢人事儿"说出来，来提醒那些想出国的孩子：选择留学时一定要慎重。

被大学劝退后，选择出国留学

说起来，儿子的求学道路是一波三折。中考时以 703 分的成绩考入一所重点高中，上了高中后，儿子有些不适应高中的学习，成绩虽算不上拔尖，但也不赖，高考时后儿子不甘心上一所第二批录取的本科学校，决定复读。一年后，考入沈阳一所大学，虽然结果不是很理想，但儿子对自己的未来还是充满信心。

可是，万万没有想到，儿子进入大学后有些放松，大一下学期，"挂"了好几科，补考后还有一科没有通过，按照有关规定，儿子被学校劝退了。

国内大学读不成，只得选择出国留学。美国、英国、日本等国是留学的理想选择，但是留学这几个国家都要出具 60 万人民币的存款证明，这对于我们这个工薪家庭来说，简直是个天文数字。权衡之下，最终选择了法国，这只需 6 万元人民币存款证明。

为了凑钱，我把家里的房子卖了，又向我妹妹借了几万元钱。2002 年 9 月，儿子通过了一场按中介要求的法语考试，前往法国求学。

学法语困难重重，至今未过关

看着儿子乘坐的飞机飞向蓝天，我的心"敞亮"多了，不管怎样，儿子又有书读了，大学退学事件对他也是一种教训，说不定还是好事儿呢。然而，情况并不像我想象的那样乐观。儿子遇到的最大困难，同样是语言问题。儿子一直学的都是英语，出国前的法语突击学习无非是为了应付考试，起到的作用很有限。这是我们决定让孩子出国前完全没有预料到的，以为学法语和学英语一样，只要努力就没问题，但对于没有一点法语基础的孩子来说，就像一个婴儿咿呀学语一样，得从零开始。

难道是儿子不努力，还像在国内一样学习不认真？其实，儿子已经尽力了。和儿子同在语言学校学习的中国留学生，几乎都是高中毕业或大学在读去的法国，都没有什么语言基础，一个同寝室的男孩，每天学习到凌晨两三点钟，考了两年多仍然未能通过语言考试。还有一个男孩是他们中最优秀的，考了好几年终于通过语言考试，进入大学学习，可是即便如此，上课还是不能完全听懂老师的讲课。这让儿子对法语学习就更没有信心了。

想通过当兵的渠道获得法国国籍

我越来越感觉到儿子的痛苦，他打电话的次数越来越少，说话的语调也越来越低沉。突然有一天，儿子打来电话说要在法国当兵，我当时脑袋"嗡"的一声，要当兵，在国内也能当，跑到国外去当什么兵呀，我坚决不同意儿子的这个决定。2005 年 1 月 31 日，儿子突然从法国跑了回来，他说他实在念不下去了，又不想就这样学无所成地回国，决意要走当兵这条路——在法国做个职业军人，每个月有相当于人民币1万元的补贴，而且3年后能获得法国国籍。

儿子决心已下，我也就没有再阻拦。为了能顺利通过体能测试，儿子在回国的这段时间里，每天上午到健身房进行力量训练，下午到沈阳大学操场进行8000米长跑训练。苦练几个月后，儿子直奔法国马赛城。

可是，他走后很多天都没有给家里打电话，我心急如焚，生怕他出什么事儿。他是在网上查到的马赛征兵信息，我担心儿子上当受骗，急三火四地给他在法国的朋友打电话，让他们帮忙报警，说儿子失踪了！

其实，儿子到马赛后一切按计划实施，在法国履行当兵的各种程序。没有和家里联系的原因是法国部队实行封闭式管理，即便是在等待录取结果的时候，也不能向外打电话。几天后，我才接到儿子的电话，在电话里我们都哭了……

后来，儿子虽然被法国的军队录取，但他没有去。在等待结果的那些天，他想了很多，一个中国人为什么给人家去当兵？况且在那样的环境里，他也无法忍受寂寞和孤独，更不能忍受不许与外界和父母沟通的规定，他担心家人受不了。

放弃在法国当兵的选择后，儿子又到了法国的一个小城继续学习语言。这一次，如果儿子使出浑身解数还不能通过语言关，那么，他唯一的出路就是回国重新考大学。

走进这个并不富裕的家，听了这位母亲痛哭流涕的叙述，引起了我们深深的同情。这原本是一个没有负担的家庭，可就因为一个不慎的选择，陷入了进退两难的境地，经济损失不用说了，精神折磨怎堪忍受？

我们很感谢这位母亲能把儿子的经历告诉记者，提醒家长在孩子出国留学的选择上，一定要慎重。其实，这不是什么"丢人事儿"，无非是一种经历罢了。但愿这个孩子在国外能跨过语言这道关；但愿这个孩子语言过关之后能进入法国一所理想大学；但愿这个孩子即使在法国的大学不能读完，也可以回国按有关政策进入一所大学继续学习。但愿我们的祝福能给这个孩子带去好运。

儿童心理指指点点：

并不是所有学生都可以选择留学的，特别是一些自理能力比较差，心智还未成熟，并没有明确的学习意愿以及学习计划的学生，我们建议这部分人在选择留学的时候，一定要充分考虑，毕竟留学本身是具有一定的风险。

出国留学首先要考虑家庭的经济承受能力，其次还要考虑学生的自学及生活自理能力，更重要的，在选择国外高校尤其是专业时，要多结合自身的兴趣爱好，选择学校和专业不要盲从，别人都公认的好专业，往往不一定完全适合自己。出国留学也一定要有充足的思想准备，因为在异国他乡，远离亲人，生活、学习等一切事情都要靠自己亲自打理，比在国内求学要辛苦很多，如果不具有较好的生活能力和吃苦耐劳的精神，恐怕在短时间内还不能适应国外的学习生活。

所以，请想要把孩子送到国外"镀金"的家长以及学生本人，要切记切记啊！

英国女王的圣诞树
是她设计的

田莹莹：毕业于沈阳一所大学的室内设计专业，毕业时她有机会留校做辅导员，可她并不满意这份工作。田莹莹坦言，当初选择出国其实就是因为学校牌儿不亮，找不到好工作。

田莹莹说，她做什么事情都没长劲儿，用大人的话说就是"三分钟热度"，她在国外干一份工作的时间不超过 10 个月；她脑子里总能冒出一些奇奇怪怪的想法，别人按着既定的思路走，她偏反着来；新买来的衣服，她总想自己改造一番，不是剪掉个袖子，就是掏个窟窿，她觉着和别人一样就不舒服……她的想法和做法总不被大多数人所接受，可是到了国外，她却如鱼得水，用田莹莹的话说就是："我终于可以无拘无束了！"

英国女王要在 2006 年 12 月 19 日—2007 年 1 月 2 日在英国白金汉宫音乐厅举行盛大舞会，邀请对英国有特殊贡献的人参加。为了这次舞会，几个月前，女王向社会公开征集摆放在音乐大厅的圣诞树的装饰方案，来自伦敦艺术大学切尔西艺术和设计学院的硕士研究生田莹莹和其他三位队友合作设计的圣诞树被女王选中，田莹莹还作为贵宾被女王邀请出席舞会。

把服装设计理念用在装饰圣诞树上

参加英国女王的设计圣诞树的命题比赛前，田莹莹的丈夫看到她的设计说："女王要是用你的设计，那她一定是疯了！"丈夫之所以这么说，是因为田莹莹所用的东西全是白纸、棉布等低成本材料，这和皇家一贯秉承的高贵华美风格完全不符。田莹莹说，她仔细研究过女王的设计意图，女王不喜欢每年都看到圣诞树上挂着黄灿灿的皇冠和明晃晃的东西。那么说来，也许清新雅致的设计风格才是女王想要的，就像吃惯了山珍海味，突然怀念起一碗白粥的清淡了。要知道，做好一碗白粥也是很有讲究的。

田莹莹的设计灵感来自一本时装杂志，一款由著名设计师克罗伊设计的裙装，由纯白的纸绢精心缝制，如蕾丝般轻薄的纸片制作成皱褶和镂空的花朵，高贵而富有活力，再加上纸质材料的环保优势，这些不都是女王想要的吗？田莹莹把服装设计的理念大胆地用在了圣诞树的装饰设计上。

田莹莹的导师说，她对服装设计所特有的灵性给她以很大帮助，让她的室内设计更新颖独特，更具欣赏性，此次被女王选中的设计也正说明了这一点。田莹莹确实喜欢服装设计，她每天都要花很多时间到图书馆翻看大量的知名服装杂志，同学都说田莹莹应该改学服装设计，田莹莹笑笑说："我擅长的只是服装的搭配和服装色彩，设计服装我不行，我看服装杂志就是想从大师们那里学到设计思路。"田莹莹很了解自己，知道自己更适合什么。

她买好车票直奔利物浦

田莹莹读书和看杂志时有个很好的习惯，看到喜欢的设计先做个标记，然后把这一页复印下来，收藏起来形成"设计资料库"。那款激发出圣诞树设计灵感的裙装就是偶然在杂志上看到的，她当时就惊叫起来："好漂亮的设计啊！"当遇到类似装饰圣诞树这样的选题时，她在一刹那间想到了那条裙子，于是就有了设计灵感，就有了那棵以白色为基调的圣诞树。

田莹莹说自己是个很疯狂的人，为了既定目标，她可以什么都不顾。前段时间，她给一个时尚女孩的居室设计鞋架,女孩喜欢搜集鞋子，田莹莹为她设计了一个有100多个格子的鞋架，鞋架内外的每一个平面都用镜子装饰，在鞋架最顶部打上很亮很强的光，营造浪漫梦幻的视觉效果。

田莹莹在设计中遇到了问题，镜面有些沉，整个鞋架的架构难以支撑起如此多的镜面，如何解决材料和设计中出现的细节问题？田莹莹查找了很多资料，可是都没有找到答案，正在一筹莫展之时，偶然间看到一本杂志上有一个商场的鞋架展示图，和她的设计有类似之处，田莹莹眼前一亮，"我要去那儿看看他们是怎么弄的！"那个商场在英国中部一个叫利物浦的城市，坐火车要三个多小时的车程。在英国查询方位很方便，只要把商场的邮政编码输入电脑，马上就查出具体位置。做好了准备工作，田莹莹买好车票，一个人直奔利物浦。

"看柜子的设计只用了20分钟，大部分的时间都花在了路上，但也值了，要不然我要花上好几倍的时间才能弄明白那些问题！"

干工作有目标，目标完成马上跳槽

田莹莹说自己疯狂，其实那是执着。刚到英国时，田莹莹的英语很差，按大学英语等级来说，也就二级水平。她想打份工赚点钱，同时还可以练习英语，她当时的想法很明确，就是不到中餐馆打工，"到中餐馆，怎么学英语？怎么融入英国社会啊？"

田莹莹认为到酒吧这样的地方最能领略当地文化，也是个说英语的好地方，可是大家都说，英国酒吧很少甚至可以说从来都不招亚洲人。田莹莹偏就不信这个邪，两个多星期，她找了十几家酒吧，结果都以失败告终。一天晚上，田莹莹和朋友以消费者的身份出现在当地一家知名酒吧，她就想看看英国的酒吧到底啥样。

在洗手间，一个看起来像工作人员的中年女子正在整理东西，田莹莹上前搭话，问她酒吧里是否招人，聊天中把自己想来酒吧应聘的想法说了，没想到，那人说："明天你过来应聘吧！"原来那人正是酒吧经理。

后来，田莹莹问经理为什么一下看中了她，经理说："你四处打听招工信息，一定对这份工作很有兴趣，那就一定能做好。"女经理还很喜欢田莹莹当天穿的小夹克，觉得她很可爱。田莹莹在那个酒吧工作了 10 个月的时间，在英语有了很大提高之后，就辞去了工作。"我不能在简单的工作上耗费太多时间，我的目的达到了，就 OK 了！"

田莹莹还做过商场的橱窗设计师，刚开始她觉得这份工作很具挑战性，可是简单的服装搭配在田莹莹看来很没意思，胜任了这份工作没多久她又不做了。田莹莹说："我不能在简单的重复性劳动中浪费时间，还有更多具有创造性的工作在等着我！"

"二房东" 越做越火

田莹莹出国留学四年，除了第一年的学费，她几乎没花家里什么钱。田妈妈自豪地说："这孩子可给我们省了不少钱！"

除了打工，田莹莹还做起了生意，成了"二房东"。在英国留学，住房的费用是很大的一笔支出，怎样才能减少这笔开支呢？田莹莹一到英国就冒出个大胆的想法：先租一个大房子，然后以低于市场价格的租金分租出去，这样不但可以不交房费，做好了还能赚钱。别人连想都不敢想，因为这需要很大一笔投资，要是真赔了，就连吃饭的钱都没有了。田莹莹说："做生意哪没风险？！"她把第一年的生活费3000 英镑全都投到了房子里。租下房子后，田莹莹给同到英国留学的同学打电话："我租了个大房子，你们都来住吧，很便宜的！"

田莹莹说，她的房客从没断过，生意好得不得了，是一条致富新途径。田莹莹说留学生做"二房东"很有优势，因为真正的房东无暇接待零零散散来看房的学生，也不想费工夫不停地找'下家'，有了像田莹莹这样的"二房东"，他们再也不用惦记房子会空置，而且一次收款省时又省力，再者，"二房东"们本身就在学校，了解市场，也容易组织学生"团租"，所以生意越做越红火。田莹莹现在已经从贫民区转战到伦敦的富人区，房客的档次有了提升，赚的自然水涨船高了。

田莹莹在做"二房东"时还有一个意外收获，她超帅的波兰老公就曾是她的房客。

儿童心理指指点点：

培养孩子创新意识受很多因素的影响，心理环境作为一个隐性的教育因素，对儿童青少年影响最大，最直接的是家长和教师创造的心理氛围。但是在国内应试教育的压力下，很多老师、家长过早地放弃了对学生创新能力的培养。而在国外，强调孩子动手能力，培养孩子创新精神，是西方教育最具代表性的特征。

因为国外的学习环境比中国宽松得多，也比较认同和鼓励个人的创新意识。这正是心理学家罗杰斯认为的"心理的安全和心理的自由，是促进创造性的两个重要条件"，所以在留学的学习环境中孩子更能够发挥自己的创新意识。

一位哲学家曾说，对于不懂的问题，疑问是一种明智；对于未知的事物，探求是一种才智；对于前人的定论，挑战是一种大智；而对于未来的世界，创新是一种睿智。儿时的好奇、冒险、自信，萌动着可贵的创新意识和创新精神，若得到充分地发掘和培养，就会化作强烈的求知欲、进取精神和创造潜能。

出国留学当然只是某一种创造孩子创新的环境而已，对绝大多数的家长来说，更重要或者说是更容易做到的就是为您的孩子创设一个民主、和谐、宽松、鼓励创新的家庭环境和心理环境。